Josef Dirnbeck

# Anstoß in Rom

Josef Dirnbeck

# Anstoß in Rom

## So war das mit dem Konzil

Tyrolia-Verlag · Innsbruck-Wien

Mitglied der Verlagsgruppe „engagement“

Bibliografische Information Der Deutschen Nationalbibliothek
Die Deutsche Nationalbibliothek verzeichnet diese Publikation in der Deutschen Nationalbibliografie; detaillierte bibliografische Daten sind im Internet über http://dnb.d-nb.de abrufbar.

2. Auflage 2012

Umschlaggestaltung, Zeichnungen im Innenteil sowie am Titel: Mag. Alois Jesner, Linz (Jesner Design)
Lektorat: Mag. Klaus Gasperi, A-6835 Muntlix
Layout und digitale Gestaltung: Tyrolia-Verlag
Druck und Bindung: FINIDR, Tschechien
ISBN 978-3-7022-3169-9 *(gedrucktes Buch)*
ISBN 978-3-7022-3226-9 *(E-Book)*
E-Mail: buchverlag@tyrolia.at
Internet: www.tyrolia-verlag.at

# Inhalt

## Überraschung aus Rom

Wie es zu diesem Konzil kam



## Eine fundamentale Wende

Worum es eigentlich ging

## Freude und Hoffnung

Was das Zweite Vatikanum letztlich gebracht hat

# Überraschung in Rom

## Wie es zu diesem Konzil kam

Der 11. Oktober des Jahres 1962 war ein Donnerstag. An diesem Tag erlebte die Welt ein Schauspiel besonderer Art. Es fand in Rom statt. Das Fernsehen war live dabei. Eine imposante Schar bewegte sich in feierlichem Schritt auf den Petersdom zu. 2850 geistliche Würdenträger zogen von der Scala Regia hinunter in den Dom von Sankt Peter.

Streng geordnet nach ihrer Rangfolge sah man zuerst die Äbte und Prälaten, sodann die Bischöfe und Erzbischöfe, schließlich die Patriarchen und sämtliche Kardinäle der römisch-katholischen Kirche. Diese Männer waren die so genannten „Konzilsväter", die sich an diesem Tag zum ersten Mal trafen, um mit ihren Beratungen zu beginnen. Der damals amtierende Papst hatte nämlich eine Kirchenversammlung einberufen – ein Konzil, das in der langen Reihe der „Ökumenischen Konzile" das zweite war, das im Vatikan tagte, und daher unter dem Namen „Zweites Vatikanisches Konzil" in die Geschichte einging.

### Ein Schauspiel besonderer Art

Die Sendekameras der Fernsehanstalten machten das, was in der Stadt Rom geschah, für den ganzen Erdkreis sichtbar. Freilich nur in Schwarz-Weiß, da Farbfernsehen nach damaligem technischen Standard noch nicht möglich war. In voller Länge wurden die Eröffnungsfeierlichkeiten übertragen, die sich den ganzen Vormittag hinzogen. Unzählige Fernsehzuschauer verfolgten den Ablauf der Ereignisse zu Hause am Bildschirm.

Während sich die Peterskirche, die zur „Konzilsaula“ umgebaut worden war, nach und nach füllte, wurde ein altehrwürdiger lateinischer Hymnus gesungen, das „Veni, Creator Spiritus“, eine feierliche Anrufung des Heiligen Geistes verbunden mit der Bitte um seinen Beistand.

Alle Konzilsväter gingen zu Fuß. Nur einer nicht: Papst Johannes XXIII. Der Pontifex Maximus wurde auf der so genannten „Sedia gestatoria“, einer Art Sänfte, in die Peterskirche getragen. Dieser traditionelle Tragsessel fand auch sonst bei Audienzen und anderen öffentlichen Auftritten des kirchlichen Oberhaupts Verwendung, und man hatte ihn seinerzeit nicht etwa deshalb eingeführt, damit es der jeweilige Papst – meist schon ein älterer Herr – etwas bequemer habe, sondern damit er von der Menschenmenge besser gesehen werden konnte. Schließlich waren die Rompilger oft von weit her in die Ewige Stadt gekommen. So sollten sie nun wenigstens einmal in ihrem Leben einen Blick auf den Heiligen Vater werfen können.

Als Johannes XXIII. an jenem 11. Oktober 1962 im Innern der Kirche angekommen war, setzte er ganz bewusst ein Zeichen. Er stieg von der Sedia gestatoria herunter und ging nun ebenfalls zu Fuß zwischen den links und rechts aufgebauten langen Sitzreihen der Bischöfe hindurch. Dabei trug er als Kopfbedeckung nicht die „Tiara“, jene feierlich geschmückte, dreifache Papstkrone, die damals üblich war und die auch sein Nachfolger, Papst Paul VI., am Beginn seines Pontifikats noch mit der größten Selbstverständlichkeit getragen hat. Statt der Tiara hatte Johannes XXIII. bei der Eröffnung des Zweiten Vatikanums eine einfache Bischofsmütze auf dem Kopf, die „Mitra“, so wie sie alle anderen Konzilsteilnehmer im Bischofsrang ebenfalls trugen. Auch das war eine symbolische Geste, mit der jener Papst, der sich gern als „Bischof von Rom“ bezeichnete, die Kollegialität unterstreichen wollte, die zwischen ihm und seinen Mitbrüdern im Bischofsamt bestand.

In der Mitte der Peterskirche befand sich auf einem eigens dafür vorbereiteten Tisch ein kostbares Exemplar der Heiligen

Schrift – eine Bibelhandschrift aus frühchristlicher Zeit. Es war einer der Schätze, die in der Vatikanischen Bibliothek aufbewahrt werden. Dieses Buch war ein symbolischer Ausdruck dafür, dass das Wort Gottes – insbesondere die Frohbotschaft des Evangeliums – das Fundament darstellt, auf dem die Kirche ruht, und dass es auch das Fundament der hier stattfindenden Beratungen bilden sollte.

## Ein Jahrhundertereignis

Fragen wir einen katholischen Christen nach dem wichtigsten kirchlichen Ereignis in seinem Leben, so wird die Antwort, die er uns gibt, ganz entscheidend davon abhängen, wie alt die betreffende Person ist. Ein „gut katholisch erzogenes" Schulkind wird vielleicht seine Erstkommunion nennen oder es wird die Firmung des Bruders oder der Schwester als einen „richtig tollen Event" in Erinnerung haben. Junge Leute zwischen 20 und 25 werden möglicherweise von einem Weltjugendtreffen schwärmen und sie werden mit glänzenden Augen von den Erlebnissen erzählen, die sie damals hatten. Andere, schon etwas Ältere werden sich vielleicht an einen Besuch in Taizé erinnern, an eine Wallfahrt nach Assisi, an eine Begegnung mit Mutter Teresa oder mit Papst Johannes Paul II., oder sie werden einen Besuch in einer Basisgemeinde in Lateinamerika als jenes Ereignis bezeichnen, bei dem es ihnen ging wie den Emmausjüngern, von denen die Bibel erzählt, dass sie hinterher zueinander sagten: „Brannte uns nicht das Herz in der Brust?" (Lk 24,32). Von Katholiken, die sich wohl oder übel bereits in jener Lebensphase befinden, die man früher ehrfürchtig das „Greisenalter" zu nennen pflegte, wird man häufig zu hören bekommen: „Das bedeutendste kirchliche Ereignis in meinem Leben war das Zweite Vatikanische Konzil."

Kardinal Franz König war einer von ihnen. Jener legendäre Erzbischof von Wien hat immer wieder davon gesprochen, wie wichtig und prägend das Konzil für ihn war. Auch und gerade in seinen letzten Lebensjahren, also in jener Zeit, als die Witterungslage in der Kirche umschlug und nach dem frühlingshaften Aufwind des Konzils jene „winterlichen Zeiten" anbrachen, die der Theologe Karl Rahner hellsichtig vorausgesagt hatte, erinnerte Kardinal König beharrlich an das Konzil. Er wurde nicht müde, immer wieder auf die Bedeutung jenes epochalen Ereignisses hinzuweisen. So hat er dies etwa auch am 15. Dezember 1995 mit eindrucksvollen Worten in Prag getan. Da hielt der greise Wiener Kardinal vor der versammelten tschechischen Bischofskonferenz in Gegenwart des päpstlichen Nuntius einen Vortrag über den Weg der Kirche ins dritte Jahrtausend.

„Ich erinnere mich heute noch so, als wäre es gestern gewesen", sagte König. „Ich werde jenen 11. Oktober 1962 nie vergessen. Die Spannung, die Hoffnung und Skepsis zugleich, mit der die öffentliche Meinung der Eröffnung des Zweiten Vatikanums entgegenging, löste sich in eine große, freudige Überraschung auf."

Das Zweite Vatikanische Konzil war ein Jahrhunderterereignis. Und dies nicht etwa deshalb, weil es immer noch paar alte Haudegen gibt, die dieser Meinung sind – ein kleines Häuflein begeisterter Konzils-Veteranen, das freilich aus biologischen Gründen von Jahr zu Jahr immer kleiner wird; ein Verein unverbesserlicher Optimisten, die leider nicht bemerkt haben, dass die Zeit weiter geschritten ist; realitätsblinde Fossilien, die einfach nicht wahrhaben können, dass in ihrer ehemals heiß geliebten katholischen Kirche schon lange nicht mehr jener Herz erfrischende Geist eines Johannes XXIII. den Ton angibt, sondern dass in dieser Kirche die beharrenden Kräfte die Oberhand gewonnen haben, sodass da plötzlich längst überwunden geglaubte Positionen aus der Mottenkiste geholt werden. Statt dass aus dem Zweiten Vatikanum endlich einmal jene Konsequenzen gezogen würden, die man längst hätte ziehen müssen! – Nein, keineswegs. Das Zweite Vatikanum ist nicht deswegen ein Jahrhunderterereignis, weil es aufrechten Idealisten als ein solches erscheint, sondern weil es in der Tat ein Jahrhundertereignis gewesen ist. Denn selbst deklarierte Gegner des Konzils können nicht bestreiten, dass das Zweite Vatikanische Konzil schon deshalb als ein Jahrhundertereignis bezeichnet werden darf, weil es rein statistisch betrachtet eines ist. Eine kleine Quizfrage für Liebhaber des „Gehirn-Jogging“: Wie viele Ökumenische Konzilien kennt die Kirchengeschichte? – Richtige Antwort: 21! Und da wir derzeit im 21. Jahrhundert leben, ergibt das also nach Adam Riese im Schnitt ein Konzil pro Jahrhundert. Demnach steht fest: Dieses Konzil war ein Jahrhundertereignis. So oder so.

## Die Vorgeschichte

Das Zweite Vatikanum ist nicht vom Himmel gefallen, sondern es war historisch notwendig. Wäre es Papst Johannes XXIII. nicht spontan eingefallen, ein solches Konzil einzuberufen, man hätte es erfinden müssen. Verstehen, wieso das Zweite Vatikanische Konzil notwendig war, heißt verstehen, was dieses Konzil bedeutet. Nur wenn man begriffen hat, wie es dazu gekommen ist, kann man begreifen, warum gerade jene Dinge auf dem Konzil verhandelt wurden, die dort verhandelt wurden, und warum sie gerade so und nicht anders verhandelt wurden.

Das vorletzte Konzil, das Erste Vatikanum, einberufen durch Papst Pius IX., fand in den Jahren 1869 und 1870 statt – leider Gottes unter ein wenig ungünstigen Umständen. Wegen des Deutsch-Französischen Krieges konnten die Konzilsväter das vorgesehene Pensum nicht wie geplant zu Ende bringen und mussten ihre Beratungen vorzeitig abbrechen. Das Erste Vatikanische Konzil wurde vertagt und ist in der Folge nicht mehr fortgesetzt worden. Am 20. September 1870 wurde die Stadt Rom von piemontesischen Truppen besetzt. Damit war das Ende des Kirchenstaates gekommen. Papst Pius IX. erklärte sich zum „Gefangenen des Vatikans“, und ein neues Kapitel der Kirchengeschichte begann.

Das nach außen hin spektakulärste Ergebnis, welches diese Kirchenversammlung erbracht hat, nämlich die Dogmatisierung der Lehre von der päpstlichen Unfehlbarkeit, war leider kein Ereignis, über welches ein aufrechter Christenmensch ungeteilten Herzens froh sein kann. Die Entscheidung für das Unfehlbarkeitsdogma hatte nämlich eine Kirchenspaltung zur Folge. Es war keineswegs so, dass dieses Dogma einfach ein über alle Zweifel erhabenes Glaubensgut der Kirche gewesen wäre. Ganz im Gegenteil: Diese Materie war höchst umstritten, und die Definition, zu der es letztlich kam, konnte eigentlich nur durchgeboxt werden, weil es eine erkleckliche Anzahl von anders denkenden Bischöfen gab, die aus Loyalität zum Papst beschlossen, der Abstimmung fern zu bleiben.

Die Zahlen sprechen für sich. Bei der Abstimmung am 17. Juli 1870 hatten sich noch 88 Bischöfe ausdrücklich gegen die geplante Lehrentscheidung ausgesprochen. Eine Woche später, als dann über den endgültigen Wortlaut des Dogmas abgestimmt wurde, gab es nur noch zwei Gegenstimmen! Die Mehrzahl der anders denkenden Bischöfe war gar nicht erst zur Abstimmung erschienen, sondern bereits abgereist.

Ein anderer Teil des kritisch gesinnten Episkopats konnte sich allerdings nicht zu diesem loyalen Gehorsam entschließen. Diese Bischöfe waren nicht bereit, das Dogma von der „Infallibilität" des obersten Hirten der Kirche in Glaubens- und Sittenfragen wenigstens um des lieben Friedens willen anzunehmen. In ihren Augen handelte es sich hier keineswegs um eine Glaubensüberzeugung, die die Kirche „schon immer" gehabt und „seit den Tagen der Aposteln treu bewahrt" hätte, sondern für sie war das eine „neumodische" Lehre, die Pius IX. anscheinend um jeden Preis durchdrücken wollte. Sie blieben lieber in bewährter alter Weise katholisch. Und ab sofort wurde das Spektrum der christlichen Konfessionen um eine weitere Konfession bereichert: Die „altkatholische Kirche" war geboren.

Dass ausgerechnet jene Kirche, die sich für ihre Art, katholisch zu sein, das Markenzeichen „alt" reservierte, sich dann in der Folge binnen kürzester Zeit viel heftiger und gründlicher reformierte als die beim Ersten Vatikanum scheinbar progressiv mit „neumodischen" Lehren voranpreschende römisch-katholische Kirche, ist ein Treppenwitz der Geschichte. Man kann tatsächlich sagen: Die Altkatholiken haben gleichsam in einem eiligen Nachholverfahren alle Reformen verwirklicht, wie sie in anderen abgespaltenen Fraktionen – unter Luther, Calvin und Zwingli – längst stattgefunden hatten: Gottesdienst in der Muttersprache, Laienkelch, verheiratete Priester undsoweiter.

Wer hier die sprichwörtliche Nachtigall „trapsen" hört, der hört völlig richtig. Bleibt nur zu fragen, wie er das Lied der Nachtigall interpretiert. Eher konservativ eingestellte Katholiken, werden sagen: „Da sieht man eben, wes Geistes Kind diese Leute gewesen sind; sie nannten sich „alt-katholisch", doch in Wirklichkeit waren sie verkappte Ketzer, Protestanten reinsten Geblüts!" Und die anderen, die eher aus jenem Holz geschnitzt sind, aus dem auch Johannes XXIII. geschnitzt war, werden sagen: „Da sieht man eben, wohin der Weg der katholischen Kirche schon viel früher hätte führen können; diese Leute zeigen uns, welche Reformen die Kirche längst hätte verwirklichen sollen!"

Noch in der Ära der beiden Piuspäpste, unter Pius XI. und Pius XII., waren nicht wenige Katholiken ernsthaft der Meinung, nach dem Ersten Vatikanum werde es gar kein Konzil mehr geben. Es könne keines mehr geben, denn es sei völlig überflüssig, da der Papst nun ohnehin imstande war, kraft seines Jurisdiktionsprimats und seiner dogmatisch verbrieften Unfehlbarkeit alles im Alleingang zu entscheiden. Außerdem meinte man noch aus einem weiteren Grund, dass die Zeit der Konzilien zu Ende sei: Es waren ja sowieso schon alle Glaubenssätze definiert! Höchstens im Bereich der Mariologie schien es noch die eine oder andere Lücke zu geben. Allerdings war die von einigen Katholiken vertretene Auffassung, dass Maria am Erlösungswerk Jesu Christi beteiligt sei und ihr der Rang einer „Miterlöserin" zukomme, eine noch viel umstrittenere Lehre als die päpstliche Unfehlbarkeit. Und selbst in diesem Fall, so meinte man, würde es für eine eventuelle Dogmatisierung vollauf genügen, wenn der Papst „ex cathedra“ sprach. Jedenfalls wäre es verlorene Liebesmüh, so viele Bischöfe aus der ganzen Welt zusammenzutrommeln, nur damit sie dann in Rom dabei sind, um mit dem Kopf zu den Entscheidungen des Papstes zu nicken.

Die Vertreter dieser blauäugigen Ansicht wurden spätestens am 25. Januar 1959 eines Besseren belehrt, als Papst Johannes XXIII. zum Abschluss der Gebetswoche für die Einheit der Christen in der Basilika Sankt Paul vor den Mauern völlig unerwartet erklärte, er plane drei Dinge: erstens eine Diözesansynode der Stadt Rom; zweitens ein Ökumenisches Konzil – und drittens die Modernisierung des Kirchenrechts. Nach der spontanen Ankündigung durch den Papst brach keineswegs einhellige Begeisterung aus. Viele waren skeptisch. Ein Konzil, wie sollte denn dies geschehen? Und ob das wohl gut gehen konnte?

## Wie organisiert man ein Konzil?

Schon allein die gigantische Zahl der Konzilsväter stellte eine organisatorische Herausforderung dar, die so groß war, dass sie kaum zu bewältigen schien. Seit dem Ersten Vatikanum hatte sich die Zahl der Bischöfe verfünffacht. Damals im letzten Drittel des 19. Jahrhunderts waren rund 500 Bischöfe in Rom, nun aber, 90 Jahre später, gab es bereits 2500 Bischöfe auf der Welt.

Die Pessimisten meinten: „Das wird garantiert ein Fiasko!“ Die Optimisten meinten: „Das schaffen wir schon.“ Und so war es dann auch: Sie schafften es schon. Wo ein Wille war, war auch ein Weg. Würde heute ein Konzil einberufen, dann wären zwar viele Dinge, die in den 60er-Jahren des 20. Jahrhunderts noch große Probleme darstellten, dank der modernen Technik gleichsam ein Kinderspiel. Aber die logistischen Probleme, die angesichts der Größenordung der Teilnehmer auf die Organisatoren zukämen, wären enorm. In den paar Jahrzehnten seit dem Zweiten Vatikanum hat sich die Zahl der Bischöfe nämlich verdoppelt. Ein Drittes Vatikanum hätte im Moment etwa zehnmal so viele Konzilsväter wie das Erste: Fünftausend statt fünfhundert!

## Von der Kutsche zum Flugzeug

Falls das „Guinness Buch der Rekorde" Lust gehabt hätte, Rekorde, die von Konzilien aufgestellt wurden, aufzulisten, dann hätte es schon beim Ersten Vatikanum die imposante Tatsache notieren können, dass damals so viele Bischöfe versammelt waren, wie bei keinem Konzil vorher. Das lag vor allem an den verbesserten Verkehrsverbindungen. Rom war leichter und schneller zu erreichen als in früheren Jahrhunderten. Es lag aber keineswegs daran, dass es plötzlich so viel mehr Bischöfe gegeben hätte. Die große Bischofsvermehrung mit einer immer steiler werdenden Wachstumskurve setzte erst später ein, nämlich im 20. Jahrhundert, als die „West-Kirche zur Weltkirche wurde", wie der Schweizer Theologe Walbert Bühlmann so treffend formulierte. Das Antlitz der Kirche hat sich gewandelt. Es ist mehrheitlich kein europäisches Antlitz mehr. Weltweit immer mehr Diözesen, das bedeutet weltweit immer mehr Bischöfe: Diözesanbischöfe, Weihbischöfe, Nuntien im Bischofsrang, Altbischöfe, Titularbischöfe und so weiter und so weiter.

Anders als für ihre Amtskollegen im 19. Jahrhundert gab es für die Konzilsväter des Zweiten Vatikanums bereits den internationalen Flugverkehr. Zur Zeit der Dogmatisierung der Unfehlbarkeit waren wenigstens schon das Dampfschiff und die Eisenbahn erfunden. In früheren Jahrhunderten, als das vornehmste Verkehrsmittel die Pferdekutsche war, waren weite Reisen nicht nur beschwerlich, sondern teilweise auch unerschwinglich. Es gab Bischöfe, die so bettelarm waren, dass sie sich den Luxus einer Reise ins Land, wo die Zitronen blühen, nicht leisten konnten. Ein irischer Bischof zum Beispiel konn-

**Landeplatz Vatikan**
Der Heilige Geist muss Schwerarbeit leisten, um die Kirche in Bewegung zu halten.

te 1179 nicht am Dritten Laterankonzil teilnehmen, bei welchem die Zweidrittelmehrheit bei der Papstwahl beschlossen wurde. Er war nämlich nicht in der Lage, für die Reisekosten aufzukommen. Drei Milchkühe waren der ganze Besitz dieses katholischen Oberhirten. Davon musste er seinen Lebensunterhalt bestreiten. Solche und andere interessante Details kann man in der „Kleinen Konziliengeschichte“ von Hubert Jedin nachlesen, der man anmerkt, dass sie der renommierte Bonner Kirchenhistoriker auf Grund akribischer Quellenstudien im Vatikanischen Archiv verfasst hat.

## Das Ende eines Diktators

Wie bereits erwähnt, bin ich persönlich fest davon überzeugt, dass das Zweite Vatikanische Konzil nicht vom Himmel gefallen ist wie ein Platzregen aus heiterem Himmel, sondern dass sich dieses Jahrhundertereignis angebahnt hat und einfach passieren musste, weil es notwendig war. Da nicht anzunehmen ist, dass mir jeder Leser in diesem Punkt spontan beipflichten wird, möchte ich an einem einleuchtenden Beispiel zeigen, wieso ich zu dieser Einschätzung komme und was genau ich damit eigentlich meine. Dazu ist es allerdings notwendig, sich ein wenig in die Vergangenheit zu versetzen. Nicht sehr viel, sondern nur einige wenige Jahre …

Am 30. Dezember 2006 starb Saddam Hussein. Es war kein natürlicher Tod. Der ehemalige Staats-Chef starb durch den Strang. Eine Zeit lang hatte sich der vom amerikanischen Militär emsig Gesuchte in einem Erdloch verstecken können, doch dann wurde er festgenommen und vor Gericht gestellt. Am Ende des Prozesses wurde ein Todesurteil gefällt.

Die Richter fanden, dass in diesem Fall keine andere Strafe angemessen sei als die vom Gesetz vorgesehene Höchststrafe. Schließlich und endlich war dieser Diktator, vor dessen Willkür ein ganzes Volk zittern musste, ein veritabler Massenmörder, der unzählige Menschenleben auf dem Gewissen hatte. Die überwältigende Mehrheit des irakischen Volkes sah es ebenso: Ein Verbrecher erlitt ein Ende, das er verdient hatte. Doch dieses Todesurteil, verhängt nach irakischem Recht, löste in der internationalen Politik unterschiedliche Reaktionen aus.

Eine der Fragen, die gestellt wurden, lautete: Ist die Todesstrafe ein geeignetes Mittel, um Recht walten zu lassen? Der Pressesprecher der Regierung Bush, Tony Snow, meinte, das Urteil sei gerecht, Saddam habe Hunderttausende ermorden lassen. Vatikansprecher Federico Lombardi sagte: Tötung ist der falsche Weg zu Gerechtigkeit und Versöhnung. UNO-Generalsekretär Ban Ki-moon meinte, jedes Land müsse selber entscheiden, ob es die Todesstrafe anwende.

So weit der kleine Ausflug in die Vergangenheit. Was mag er wohl mit den Fragen zu tun haben, die uns beschäftigen? Die Antwort ist ganz einfach: Am Vorabend des Zweiten Vatikanischen Konzils sind genau die gleichen Fragen mit genau der gleichen Heftigkeit und Leidenschaft diskutiert worden: Todesstrafe – ja oder nein? Ist es gerecht oder auch nur sinnvoll, Menschen als Strafe für irgendwelche Verbrechen, die sie begangen haben, vom Leben zum Tod zu befördern?

## Todesstrafe – ja oder nein?

Eine Schulklasse in einem österreichischen Gymnasium war im Herbst 1962 im Religionsunterricht auf das Thema Todesstrafe gestoßen. Die 15-jährigen Schüler begannen heftig zu diskutieren. Ein Teil von ihnen meinte, die Todesstrafe sei gerecht – jedenfalls dann, wenn es um die Bestrafung eines Mörders geht.

Der weitaus größere Teil der Klasse war gegenteiliger Meinung. Der Staat habe nicht das Recht, Menschen umzubringen. Die Todesstrafe sei grausam, unmenschlich und barbarisch. Wir lebten schließlich nicht mehr im Mittelalter, nicht umsonst sei die Todesstrafe in den meisten zivilisierten Ländern längst abgeschafft.

Der Religionslehrer, um seine Meinung befragt, zog es vor, das Problem nach der Methode von König Salomo zu lösen. Er sprach zu seinen Schülern: „Dann machen wir in der nächsten Stunde eben eine Diskussion. Ihr sammelt bis dorthin sowohl die Argumente, die für die Todesstrafe sprechen, als auch jene, die dagegen sprechen. Und dann wollen wir sehen, welche Argumente die besseren sind." Und so geschah es. Die Schüler gingen hin und suchten nach Argumenten.

Sie schlugen in allen Büchern nach, die sie auftreiben konnten, auch in theologischen Lehrbüchern, deren Ausführungen mit schwierigen Fachausdrücken gespickt waren. Aber zu ihrer großen Überraschung mussten die Schüler feststellen, dass – anders, als sie es erwartet hatten – im Grunde sämtliche Autoritäten in Sachen christlicher Moral Befürworter der Todesstrafe waren. So stand etwa in einem Buch mit dem Titel „Katholische Moraltheologie" von Heribert Jone, verbessert und neu aufgelegt im Jahr 1953, klipp und klar zu lesen: „Ein Verbrecher darf getötet werden, wenn gerichtlich der Beweis erbracht wurde, dass es moralisch sicher ist, er habe ein schweres Verbrechen begangen, auf das vom Staate im Interesse des Gemeinwohls die Todesstrafe gesetzt ist …"

Ein wahrhaft niederschmetternder Befund. Allerdings vermochte er die Schüler, die instinktiv gegen die Todesstrafe waren, ohne noch genau begründen zu können warum, in keiner Weise zu erschüttern. Und damit sind wir genau bei unserem Thema, nämlich bei der Frage, weshalb das Zweite Vatikanische Konzil damals notwendig war, und dass man es notfalls erfinden hätte müssen, falls Johannes XXIII. nicht auf die glorreiche Idee gekommen wäre, es einzuberufen.

## Auf dem Weg zum „mündigen Christsein"

Auch den Religionslehrer erschütterte es nicht, dass seine Schüler nicht im Traum daran dachten, blind nachzuplappern und für richtig zu halten, was irgendwo geschrieben stand. Er hatte gar nichts dagegen, dass sie sich ihre eigenen Gedanken machten. Im Gegenteil: Er ermunterte sie sogar dazu.

Dieser Religionslehrer – ich kann ruhig sagen: mein Religionslehrer, denn wer hätte nicht längst geahnt, dass ich hier eine Geschichte erzähle, die ich selber erlebt habe! Dieser römisch-katholische Priester, der uns damals beizubringen versuchte, was wir jungen Christen über unseren Glauben wissen sollten, hätte es sich sehr leicht machen können. Er hätte nur zu sagen brauchen: „Passt auf, meine Lieben, die Frage der Todesstrafe ist längst geklärt. Das kirchliche Lehramt hat so und so entschieden. Ihr könnt es dort und dort nachlesen – und als gehorsame Kinder des Heiligen Vaters haben wir daher diesen Standpunkt zu vertreten und keinen anderen. Ende der Debatte."

Aber genau das sagte er nicht. Er proklamierte kein simples „Roma locuta, causa finita". Sondern er appellierte an unsere Vernunft und ermutigte uns, unseren eigenen Verstand zu gebrauchen. Es war eine Erziehung zur Mündigkeit, die er uns angedeihen ließ. Ich meine, genau das ist der Punkt, an dem sich zeigen lässt, wie wichtig dieses Konzil war. Es war notwendig wie ein Stück Brot. Das Zweite Vatikanische Konzil war kein Luxus, den sich die Kirche leistete, sondern sie hatte dieses Konzil bitter nötig. Es war überfällig.

Wir 15-jährigen Schüler waren natürlich geistig noch nicht so weit, um zu durchschauen, was da eigentlich ablief. Es gab viele wichtige Dinge, von denen wir keine Ahnung hatten; Probleme, mit denen wir uns noch nicht auseinandergesetzt hatten, weil sie in unserer Lebenswelt einfach noch nicht vorgekommen waren. Aber im Grunde unseres Herzens spürten wir diese Kluft sehr wohl, die sich zwischen dem auftat, was uns die Kirche zu glauben zumutete, und der Welt, wie sie der Mensch von heute erfährt.

Aus späteren Gesprächen weiß ich, dass es älteren und reiferen Katholiken damals genauso erging wie uns Jungspunden. Sogar theologisch gut ausgebildete Priester, die sich ernsthaft bemüht hatten, alles brav zu glauben, was man ihnen beigebracht hatte, waren frustriert. Mit dem, was sie auf der Universität gelernt hatten, konnten sie in der Praxis – im Beichtstuhl, auf der Kanzel, im Glaubensgespräch – herzlich wenig anfangen. In fast allen wichtigen Fragen mussten sie eine andere, bessere Antwort finden als jene, die auf den hektographierten Blättern ihrer Skripten stand. Sie mussten sich weiterbilden, Vortragsabende besuchen, die neuesten Bücher lesen, Zeitschriften abonnieren, in denen aufschlussreiche Artikel erschienen. Vor allem aber mussten sie selber denken und selber urteilen. Das bescherte ihnen oft erhebliche Loyalitätskonflikte – die übrigens auch nach dem großen Befreiungsschlag, als welchen sie das Konzil erlebten, keineswegs spurlos verschwanden. Als nämlich mitten im Hochsommer des Jahres 1968 Papst Paul VI. die Enzyklika „Humanae vitae" propagierte, die allerdings – anders als das Konzil – dem Erlebnis und Empfinden vieler Katholiken nach sehr wohl „vom Himmel fiel", und zwar als eine kalte Dusche, da begann sich der heitere Himmel der Konzilsbegeisterung blitzartig zu verdüstern. Ab sofort waren Loyalitätskonflikte an der Tagesordnung.

Die um pastorale Schadensbegrenzung bemühten Priester – und natürlich auch die progressiv eingestellten Bischöfe der damaligen Zeit – mussten sich von Mal zu Mal aufs Neue entscheiden: Kann und darf ich jetzt so reden, wie es mir mein Gewissen befiehlt? Oder sollte ich lieber so reden, wie ich eigentlich reden muss; so, wie es „oben" erwünscht ist beziehungsweise „von ganz oben" verlangt wird?

Und diese Loyalitätskonflikte nahmen kein Ende. Im Gegenteil. Sie verschlimmerten sich noch. Zur Amtszeit von Papst Johannes Paul II. kamen zur Frage der künstlichen Empfängnisregelung noch weitere heiße Eisen hinzu, an denen man sich als Seelsorger, aber auch als mutiger Bischof gründlich die Finger verbrennen konnte: der pastorale Umgang mit Geschiedenen und wieder Verheirateten und die kirchliche Schwangerenberatung. Nach wie vor kommen engagierte Seelsorger in Situationen, wo sie sich fragen müssen: Soll ich jetzt so reden und handeln, wie es mir mein Gewissen befiehlt, oder so, wie es von mir als loyalem Katholiken erwartet wird?

## Gibt es einen intelligenten Gehorsam?

Jesuitenpater Mario von Galli war ein Journalist, der die Öffentlichkeit über die Vorgänge beim Konzil informierte. Wir saßen damals im Internat jeden Samstagabend vor dem Radio und hörten mit Spannung seine Berichte aus Rom. Er verstand es hervorragend, die Dinge auf den Punkt zu bringen. Auch in seiner Rede bei der Schlusskundgebung des Stuttgarter Katholikentages im Jahr 1964 war dies so.

Mario von Galli führte zum Verhältnis von Intelligenz und Gehorsam Folgendes aus: „Heute sagt man, es ist die Pflicht des Katholiken, intelligent zu sein. Früher hat man gesagt, es ist die Pflicht des Katholiken, brav zu sein. Ist das ein Widerspruch? Es ist kein Widerspruch. Denn es gibt einen intelligenten Gehorsam. Und eigentlich ist der nicht-intelligente Gehorsam ein sehr, sehr kleiner und ein sehr, sehr unwürdiger und eigentlich für einen Christen unpassender Gehorsam. Trotzdem, als ich noch jung war, war ich überzeugt, es ist meine erste Pflicht, gehorsam zu sein, und dann erst intelligent zu werden. Heute weiß ich, ich muss intelligent sein, sonst kann ich gar nicht gehorsam sein." Der begeisterte Applaus des Auditoriums bewies, dass die mündigen Katholiken die Dinge damals ebenso sahen.

In der vorkonziliaren Ära war der Problemstau schon so groß, das Fass bereits dermaßen gestrichen voll, dass es gar keiner weiteren Tropfen mehr bedurfte, um es zum Überlaufen zu bringen. Es lief bereits über. Die Welt, wie sie war, und die Welt, wie sie brave katholische Christen zu sehen hatten, waren nicht deckungsgleich. Da gab es unüberwindliche Widersprüche. Selbst uns 15-jährigen Schülern fielen sie auf. In der Auslegung der Bibel zum Beispiel.

## Die Saurier und die Sintflut

Wie konnten wir glauben, dass Moses, wie es damals immer noch offiziell gelehrt wurde, die fünf Bücher Mose geschrieben haben sollte, und zwar genau in diesem Wortlaut, wie sie in der Bibel stehen, wo sie doch jede Menge Ungereimtheiten enthielten: Widersprüche hier, Unsinnigkeiten dort. Wenn sogar uns Jugendlichen auffiel, dass es sich so verhielt, wie hätte es dann einem so klugen und von Gott erleuchteten Mann wie Moses nicht auffallen sollen?

Dass die Menschheit von einem einzigen Paar, nämlich von Adam und Eva, abstammen sollte, wie Pius XII. noch 1950 in seiner Enzyklika „Humani generis" lehrte, kam uns komisch vor. Schon deswegen, weil dann Kain und Set logischerweise ihre eigenen Schwestern hätten heiraten müssen oder womöglich gar mit ihrer Mutter hätten Kinder zeugen müssen. Um Gottes Befehl zu befolgen: „Wachset und vermehret euch!", wären sie gezwungen gewesen, etwas zu tun, was streng verboten war und was auch in der Bibel als furchtbare Sünde geächtet wird.

Dass die Welt in sechs Tagen erschaffen worden sein sollte, und zwar nach den Zeitangaben der Bibel erst vor knapp 6000 Jahren, das war beim besten Willen nicht mit dem zusammenzubringen, was wir im Fach Naturgeschichte gelernt hatten. Wann hätten denn dann die Saurier gelebt? Und wann wären sie ausgestorben? Zur Zeit der Pharaonen etwa? Oder gar erst unter Karl dem Großen? Hatte Gott sie womöglich gar nicht erschaffen? Oder vergaß Moses lediglich, sie eigens zu erwähnen?

Gegeben haben musste es diese Riesenechsen auf jeden Fall. Wir hatten doch im naturhistorischen Museum in Wien mit eigenen Augen das Skelett eines Sauriers gesehen, das aus ausgegrabenen Knochenteilen zusammengesetzt war. Es konnte doch nicht sein, dass so etwas Beeindruckendes und Schönes gar kein Zeugnis aus dem Reichtum der Schöpfung war, sondern nur eine plumpe Fälschung, die irgendwelche tückischen Kirchenfeinde fabriziert hatten, einzig und allein zu dem Zweck, kreuzbrave katholische Jugendliche in ihrem Kinderglauben irre zu machen!

Und die Sintflut? – Also wenn die Erde eine Scheibe war, die auf Wasser schwamm wie ein monströser Ozeanriese, dann schien es uns physikalisch durchaus möglich zu sein, dass sich das Ganze so abgespielt haben konnte, wie es in der Bibel berichtet wird. Aber wenn die Erde eine Kugel war? Dann ganz bestimmt nicht. Das konnte uns keiner weismachen. Falls nach 40 Tagen Dauerregen der Wasserspiegel rund um den Globus so hoch angestiegen wäre, dass sich die ganze Welt in ein einziges riesengroßes Venedig verwandelt hätte – wohin bitte schön hätte denn das Wasser hinterher abrinnen sollen?

## Was sagt die Vernunft? Was sagt das Lehramt?

Wir hatten durch diese vom schlichten Hausverstand diktierte Kritik an der Bibel nicht unseren Glauben verloren, sondern nur unseren einfältigen Kinderglauben. Aber den waren wir sowieso schon längst los. Wir glaubten ja auch nicht mehr an das Christkind und an den Osterhasen. Wir waren nicht aufmüpfig oder mutwillig ketzerisch, wir erkannten nur instinktiv: Wenn es um solche Dinge geht, dann müssen wir der Stimme der Vernunft mehr gehorchen als der Stimme des römischen Lehramts.

Es wäre völlig falsch zu sagen, dass wir große Glaubenszweifel gehabt hätten. Wir hatten keine! Wir zweifelten ja nicht an dem, was offizielle Lehre der Kirche war, sondern wir wussten es einfach besser als diese alten, verknöcherten Theologen, die noch bis zu den Knien im Mittelalter steckten und meinten, sie könnten uns lächerliche Märchen erzählen. Die waren in ihrem Kinderglauben steckengeblieben, wir nicht! Man sah es ja daran, dass sie auch sonst jede Menge Unsinn verzapften. Zum Beispiel über den Zölibat.

Wenn es nach ihnen ging, dann hatte der liebe Gott etwas gegen verheiratete Priester. Wir konnten aber beim besten Willen nicht einsehen, wieso. Wenn es wirklich wahr war, was in der Bibel stand, dass nämlich der liebe Gott aus lauter Menschenfreundlichkeit dem einsamen Adam eine attraktive Partnerin zur Seite gegeben hatte, weil es, wie er wörtlich erklärte, „nicht gut für den Menschen“ sei, wenn er allein bleibt, wie konnten dann Bischöfe und Päpste behaupten, es sei Gott besonders wohlgefällig, dass diejenigen, die sich freundlicherweise entschließen, ihm als Priester zu dienen, nicht heiraten, sondern so leben, wie es nach Ansicht ihres Schöpfers ausgesprochen schlecht für sie ist! War der liebe Gott so dumm, nicht zu merken, dass er sich da widersprach? Oder waren nicht eher die dumm, die uns mit fadenscheinigen Begründungen zumuteten, so primitiv über Gott zu denken!

## Am „toten Punkt“

Andere brennende Fragen im Glauben und im kirchlichen Leben, die ebenfalls nach einer neuen und besseren Antwort verlangten, waren uns herzlich egal. Die Verwendung von Verhütungsmitteln beispielsweise oder das Eingehen einer Mischehe – solche Sachen kratzten uns damals in unserem Alter eher wenig. Auch für die wirklich kniffligen theologischen Probleme in der dünnen Höhenluft der Metaphysik hatten wir damals noch keine Antenne. Aber Ältere und Erfahrenere sahen die Probleme – und litten darunter. Ein prominenter Theologe, der es nicht nur besser wusste als wir kleinen Mittelschüler, sondern der sich auch viel besser ausdrücken konnte als wir, ein Mann, dessen Namen uns damals überhaupt noch gar nichts sagte, hat den Konflikt, in dem sich ein geistig wacher Katholik in der Zeit vor dem Konzil befand, so formuliert:

„Zwischen den klaren Schlüssen unserer Fundamentaltheologie und den vernehmenden Herzen der Menschen liegt der große Berg des Überdrusses. Wir haben durch unsere Existenz den Menschen das Vertrauen zu uns genommen. 2000 Jahre Geschichte sind nicht nur Segen und Empfehlungen, sondern auch Last und schwere Hemmung. Und gerade in den letzten Zeiten hat ein müde gewordener Mensch in der Kirche auch nur den müde gewordenen Menschen gefunden. Der dann noch die Unehrlichkeit beging, seine Müdigkeit hinter frommen Worten und Gebärden zu tarnen. – Die Kirchen scheinen sich durch die Art ihrer historisch gewordenen Daseinsweise selbst im Wege zu stehen. – Wir sind trotz aller Richtigkeit und Rechtgläubigkeit an einem toten Punkt. Die christliche Idee ist keine der führenden und gestaltenden Ideen dieses Jahrhunderts.– Die Kirche muss sich selbst viel mehr als Sakrament, als Weg und Mittel begreifen, nicht als Ziel und Ende." So weit einige Zitate dieses Theologen. Besonders die letzte Passage – die Charakterisierung der Kirche als eines Sakramentes – ist etwas, das sich auch in den Konzilstexten wiederfinden wird.

## Die Kirche muss sich als „Sakrament" begreifen

Gleich in der einleitenden Passage des Konzilsdokuments „Lumen gentium", der dogmatischen Konstitution über die Kirche, heißt es: „Die Kirche ist ja in Christus gleichsam das Sakrament, das heißt Zeichen und Werkzeug für die innigste Vereinigung mit Gott wie für die Einheit der ganzen Menschheit. Deshalb möchte sie das Thema der vorausgehenden Konzilien fortführen, ihr Wesen und ihre universale Sendung ihren Gläubigen und aller Welt eingehender erklären. Die gegenwärtigen Zeitverhältnisse geben dieser Aufgabe der Kirche eine besondere Dringlichkeit …"

Genau das, was hier die Konzilsväter des Zweiten Vatikanums als gültige Lehre der Kirche festgeschrieben haben, sagte auch jener Theologe, den ich vorhin zitiert habe. Ich habe den Namen des Autors absichtlich nicht genannt. Es handelt sich um einen berühmten Mann, um einen Deutschen. Ich bin mir aber ziemlich sicher, dass kaum jemand auf Anhieb erraten würde, wem wir diese hellsichtige Analyse verdanken. Ich gebe zu, ich hätte es auch nicht erraten.

Es war nämlich keiner der großen Konzilstheologen; es war weder Rahner noch Ratzinger, der das gesagt hat. Der Gesuchte war drei Jahre jünger als Karl Rahner, und er war ebenfalls ein Mitglied des Jesuitenordens. Allerdings war er bereits zwanzig Jahre tot, als das Zweite Vatikanische Konzil über die Bühne ging. Die Nazis hatten ihn umgebracht. Der Jesuit Alfred Delp war es, der diese nüchterne Diagnose gestellt hat, dass die Verkündigung der Kirche den Menschen von heute nicht mehr erreicht.

## Eine hellsichtige Analyse

Der von den Nazis verfolgte und im Namen des deutschen Volkes verurteilte und hingerichtete Widerstandskämpfer sagte bereits 1944: „Die meisten Menschen der Kirche und die amtliche Kirche selbst müssen einsehen, dass für die Gegenwart und ihre Menschen die Kirche nicht nur eine unverstandene und unverstehbare Wirklichkeit ist, sondern in vieler Hinsicht eine beunruhigende, bedrohliche, gefährliche Tatsache. Wir laufen auf zwei Parallelen, und es führen keine verbindenden Stege hinüber und herüber. Dazu kommt, dass sich jede der beiden Instanzen – die ‚natürliche' und die ‚übernatürliche' – der andern gegenüber als zuständiger Richter vorkommt."

Delp hat seine Gedanken, die das Konzil vorausahnen lassen, bereits in den Tagen des Zweiten Weltkriegs zu Papier gebracht. Sie tragen die Überschrift: „Das Schicksal der Kirchen". Und der inhaftierte Jesuit hat sich dieses Thema bei Gott nicht ausgesucht, um sich seine Langeweile im Kerker der Gestapo zu vertreiben, sondern weil es ein Thema war, das ihm auf den Nägeln brannte – auch und gerade angesichts des zu erwartenden Todes. „Im Angesicht des Todes“ heißt denn auch das Buch, in dem diese Texte von Alfred Delp abgedruckt sind.

Nach diesem kleinen Rückblick in die Vergangenheit lässt sich besser verstehen, was mit der saloppen Formulierung gemeint ist: „Wenn es dieses Konzil nicht gegeben hätte, dann hätte man es erfinden müssen!“ Die Kirche hatte eine Reform nötig. Nicht nur eine, sondern gleich mehrere. Alle Reformen galt es nachzuholen, die die katholische Kirche seit der Neuzeit versäumt hatte. Theoretisch wusste sie natürlich, dass sie eine „ecclesia semper reformanda“ war – eine Kirche, die ständig zu erneuern ist. Aber in der Praxis wehrte sie sich mit Händen und Füßen dagegen – um nicht zu sagen: mit Scheiterhaufen und Lehrverboten.

Selbst jener Karl Rahner, der später ein wichtiger und hoch geschätzter Konzilstheologe war, hatte in jüngeren Jahren Schreibverbot, weil seine Schriften der Obersten Glaubensbehörde bedenklich erschienen. In Wirklichkeit hatte Rahner bloß die Zeichen der Zeit früher erkannt als die engstirnigen Theologen der römischen Kurie. Wobei bei der Wahl des Wortes „früher“ Vorsicht geboten ist. Sie unterstellt nämlich, dass man dort die Zeichen der Zeit wenigstens später erkannte. Woran freilich bis zu einem gewissen Grad gezweifelt werden darf.

## Vom Mittelalter in die Moderne

Das Zweite Vatikanische Konzil war der Versuch der Kirche, in der Moderne anzukommen und sich endlich auf dem geistigen Niveau zu bewegen, das inzwischen erreicht worden war. Hans Küng pflegt in diesem Zusammenhang gerne den Ausdruck „Paradigmenwechsel“ zu verwenden. Genau das ist gemeint: Eine Vermittlung der traditionellen Glaubensinhalte mit Hilfe eines neuen Denkmusters, das sich auf Grund neuer historischer Erfahrungen herausgebildet hat und nunmehr die geistige Situation einer neuen Epoche bestimmt.

**Durch diese hohle Gasse muss sie kommen**
Wer will, dass die Kirche so bleibt, wie sie ist, der will nicht, dass sie bleibt.

Der Wiener Erzbischof, Kardinal Franz König, hat sich bemüht, diesen an und für sich ziemlich komplizierten Befund in allgemein verständlicher Sprache zu erklären. Am Vorabend der Konzilseröffnung wurde in Radio und Fernsehen seine Ansprache ausgestrahlt, in der er sagte, worum es in diesem Konzil eigentlich gehen werde.

Als damals 15 Jahre alter Ohrenzeuge dieser Ansprache kann ich sagen: Wir haben die Worte des Kardinals damals zwar gehört, aber nicht wirklich verstanden. Wir katholischen Teenager sind ehrfürchtig vor dem Radioapparat gesessen, aber im Grunde haben wir nicht begriffen, wovon hier gesprochen wurde, geschweige denn, dass wir die Tragweite des Gesagten erkannt hätten. Uns Schüler beschäftigte in diesem Moment mehr die Frage, über die wir in der nächsten Religionsstunde diskutieren wollten: „Todesstrafe – ja oder nein?“

„Morgen wird das Zweite Vatikanische Konzil in feierlicher Weise eröffnet werden“, sagte Kardinal König. „Ich freue mich, am Vorabend dieses Ereignisses die Möglichkeit zu haben, einige kleine Erläuterungen geben zu können. Die Kirche ist eine göttliche Stiftung. In ihrer irdischen Gestalt ist sie verhaftet der Zeit und der Umwelt, beide beeinflussend und von beiden beeinflusst. In ihrer irdischen Gestalt ist die Kirche eine Institution, die ständig an sich arbeiten muss, die sich ständig reformieren muss, um der Zeit und der Umwelt zu begegnen …“

Der Wiener Erzbischof kam auch auf das Problem dieser Ungleichzeitigkeit zu sprechen, dass man in der Kirche heute nicht mehr so sprechen kann wie in früheren Zeiten, auch wenn und gerade weil über die gleichen Dinge geredet wird. Kardinal Franz König wörtlich: „Die Kirche kann zu den Menschen des 20. Jahrhunderts nicht so reden wie zu den Menschen des 10. Jahrhunderts, zu den Naturvölkern Afrikas nicht so wie zu den Menschen asiatischer Hochkulturen. Alle aber haben den Wunsch und das Recht, von der Kirche angesprochen zu werden. Jede Zeit erwartet sich eine Antwort von der Kirche.“

Die Frage war nur – und sie ist es immer noch: Ist denn die Kirche dazu überhaupt in der Lage? Sind die Menschen imstande, so schnell umzulernen? Wie konnten sie ein gemeinsames neues Bewusstsein entwickeln? All die Frauen und Männer im Gottesvolk hatten völlig unterschiedliche geistige Voraussetzungen – angefangen vom Oberministranten XY bis hinauf zum Kardinal YZ, von der frommen alten Frau, der es genügt, wenn sie ihren Rosenkranz betet, bis zum hoch gelehrten Philosophen, der sich den Kopf über das Sein des Seienden zerbricht. Waren da nicht Abstürze, Zusammenstöße und Betriebsunfälle jeder Art bereits vorprogrammiert?

## Wenn der Droschkenkutscher am Lenkrad sitzt …

Der britische Autor John Boynton Priestley hat ein plastisches Bild gefunden, das den Konflikt, um den es geht, blitzartig klar macht. Priestley, der besonders durch sein Theaterstück „Ein Inspektor kommt“ berühmt geworden ist, hat im Jahr 1945, als der Zweite Weltkrieg zu Ende ging, einen „Brief an einen heimkehrenden Soldaten“ geschrieben. „Letter to a Returning Serviceman“ lautet der englische Originaltitel. Dieser Text war eine damals viel gelesene Abhandlung, in der sich der Autor Gedanken darüber macht, was eigentlich der tiefere Grund dafür sein könnte, dass es zu diesem fürchterlichen Desaster namens Weltkrieg kommen konnte – ein Grund, der wohl im Menschen selber zu suchen sein muss. Priestley meint, das Krebsübel bestehe darin, dass der moderne Mensch mit der modernen Welt einfach überfordert ist. Die Menschheit ist der Welt, wie sie heute ist, geistig nicht gewachsen. Wir haben den gewaltigen Fortschritt und die vielen Entwicklungen, die es da gegeben hat, innerlich noch gar nicht vollzogen, so dass es kein Wunder ist, dass wir den Problemen von heute mit Verhaltensweisen und Strategien zur Problemlösung begegnen, die noch von gestern sind.

John B. Priestley illustriert die verzwickte Sachlage am Beispiel eines Droschkenkutschers, und er hat natürlich die Politik und die Gesellschaft im Auge, aber es lohnt sich, dass wir uns auch in unserem Zusammenhang näher damit beschäftigen, denn dieses Bild kann hilfreich sein, um zu begreifen, wieso es in der Kirche so oft in charakteristischer Weise drunter und drübergeht.

Zweifellos konnte ein Droschkenkutscher in früheren Zeiten auch dann noch ein guter Droschkenkutscher sein, wenn er sich nicht immer auf das Fahren konzentrierte. Ihm war es möglich, sich mit anderen Dingen zu beschäftigen, während er zur nächsten Poststation fuhr. Er konnte zur Seite schauen, gemütlich die Landschaft betrachten, mit vorbeigehenden hübschen jungen Mädchen schäkern, eventuell auch einen kräftigen Schluck zu sich nehmen. Und sogar dann, wenn er am Ende schon etwas besäuselt war, bestand keine Gefahr für das Fahrzeug und die Insassen, da die Pferde ohnehin die ganze Zeit munter vorwärtstrabten, wie sie es gewohnt waren.

Wenn aber derselbe Droschkenkutscher mit der gleichen Methode in einer Kutsche fährt, die ein Lenkrad besitzt, mit welchem man die Ausrichtung der Räder permanent nachjustieren muss, schon deshalb, weil diese Kutsche nicht von Pferden gezogen wird, sondern von einem Motor betrieben wird und mit einer Wahnsinnsgeschwindigkeit dahinbraust, dann geht die Sache schief.

„Wir versuchen ständig, gleichzeitig in verschiedenen Welten zu leben“, sagt Priestley. „Oder, um es mit anderen Worten zu sagen: Wir versuchen, unsere alte Verhaltensweise auch unter neuen Lebensbedigungen fortzusetzen. Und das geht einfach nicht. Die eine Hälfte drängt vorwärts, die andere bleibt müßig zurück, und das Ergebnis ist eine unerträgliche Spannung. Wenn wir nicht bald uns selbst einholen, werden wir noch zerspringen. Stell dir einen alten Droschkenkutscher vor, so einen, der es liebt, ein paar Gläschen Wein zu trinken, um dann über seinem müden und abgerackerten Gaul einzuschlafen. Stell dir vor, dass dieser Mann plötzlich ans Lenkrad eines

Achtzylinders gesetzt würde mit dem Auftrag, mit höchster Geschwindigkeit loszusausen. Genauso sieht das 20. Jahrhundert aus."

Es handelt sich um eine „unheilvolle Kombination", fährt Priestley fort. Und er spielt die verschiedenen Möglichkeiten durch: „Entweder müssen wir den Wagen verschrotten und zum alten Pferdefuhrwerk zurückgehen oder wir müssen den Kutscher in Pension schicken und uns einen jungen Chauffeur anschaffen, der nicht trinkt. Es ist zwecklos, zu versuchen, Erfindungen ungeschehen machen zu wollen. Es ist zwecklos, Flugzeuge, rasche Autos, Film, Radio und so weiter ignorieren zu wollen oder über sie zu murren. Das einzig Vernünftige ist, sie zu akzeptieren und sie zu zivilisieren. Von den beiden Welten, in denen wir gleichzeitig zu leben versuchen, verkörpert das Auto jene, welche ein höheres Maß an Realität besitzt. Man könnte sogar sagen, dass wir alle im Auto fahren, ob es uns nun passt oder nicht. Daher sage ich: ‚Der Droschkenkutscher muss gehen.' Denn er glaubt noch immer seine Pferde zu lenken und sich im Zehnkilometertempo zu bewegen, während der Wagen in Wirklichkeit schon fünfhundert läuft. Er macht sich noch immer Sorgen um das Heu, während er an Benzin und Öl denken sollte."

Die Nutzanwendung, die der Autor aus seinem Gleichnis zieht, ist einigermaßen beklemmend: Tag für Tag können wir „fantastische Feststellungen lesen und hören, die nichts anderes sind als Erklärungen von politischen Droschkenkutschern – von Premierministern, Senatoren, prominenten Industriellen, Verwaltungsratspräsidenten, Bankdirektoren, Redakteuren und Publizisten, und jeder Einzelne von ihnen ist ein solcher Droschkenkutscher! Inzwischen läuft der Wagen immer rascher und setzt brausend und stoßend seine Fahrt fort. Kein Wunder, wenn die Leute besorgt sind."

Ich glaube, wer dieses Gleichnis vom Droschkenkutscher versteht, der versteht nicht nur, warum es zu diesem Jahrhundertereignis namens Konzil einfach kommen musste, sondern er versteht auch, wieso dieses Konzil dann doch nicht imstande war, das Antlitz der Kirche so zu erneuern, wie es sich jene konzilsbegeisterte Generation, der auch ich angehöre, damals erträumt hat.

## Ein kabarettreifer Zwischenfall

Mitten im Advent des Jahres 1983 hatte ich ein interessantes Erlebnis. Wie jedes Jahr um diese Zeit war ich unterwegs, um in verschiedenen Pfarrgemeinden und Bildungshäusern meine vorweihnachtlichen Texte vorzutragen. So war ich diesmal ins tief verschneite Salzburger Land gekommen und hatte in einem Pfarrheim irgendwo im Pongau eine Lesung gehalten. Bei dieser Gelegenheit bin ich einen Freund aus der Schulzeit wiederbegegnet. Er war Heimleiter eines Ferienhauses in Altenmarkt geworden und lud mich ein, ihn an seiner neuen Wirkungsstätte zu besuchen. Als wir miteinander durch den Ort spazierten, ging er zielstrebig auf die Kirche zu und sagte, er müsse mir etwas zeigen, was mich bestimmt interessieren werde.

„In anderen Kirchen hat man nach dem Konzil das Speisegitter nebst den dazu gehörenden Kniebänken entfernt, hier wurde es aktiviert“, erklärte er mir. „Wir haben hier nämlich einen stockkonservativen Pfarrer. Wer in unserer Pfarre zur Kommunion gehen will, der muss sich hinknien und den Mund aufmachen. Dann bekommt er die Hostie auf die Zunge gelegt. Handkommunion gibt es hier nicht.“

Nicht alle Leute seien allerdings bereit, sich ins Unvermeidliche zu schicken, erzählte er weiter. Das Verhalten des Pfarrers habe die Gemeinde polarisiert. Einige seien unter Protest aus der Kirche ausgetreten, andere gingen in einer anderen Pfarre zum Gottesdienst. Einmal allerdings sei es zu einem kabarettreifen Zwischenfall gekommen.

Einer der Gottesdienstbesucher, ein Feriengast aus Wien, habe die ortsübliche Art des vorkonziliaren Kommunionempfangs einfach ignoriert. Er stellte sich hin und wartete mit ineinander gelegten offenen Händen auf die Kommunion.

„Niederknien!“, sagte der Pfarrer. Der Gottesdienstbesucher rührte sich nicht, sondern blieb erwartungsvoll stehen. „Niederknien!“, wiederholte der Pfarrer etwas lauter und kommandierender. Doch der Laie gehorchte nicht, sondern stand aufrecht da. Als der Geistliche schließlich ein drittes Mal „Niederknien!“, sagte, erwiderte der mündige Christ mit der größten Ruhe: „In unserer Pfarre heißt das: ‚Der Leib Christi‘!“

Mein ehemaliger Schulfreund hat auch den Namen dieses Pfarrers erwähnt. Der hat mir damals allerdings nichts gesagt. Ein paar Jahre später freilich schon, als dieser Mann zum neuen Salzburger Erzbischof ernannt wurde. Georg Eder war – wie Hans-Hermann Groër oder Kurt Krenn in Österreich und Wolfgang Haas in Chur – einer jener „Wende-Bischöfe“, von denen sich Rom einen Kurswechsel erwartete.

## Das menschliche Element in der Kirche

Zu den gern gelesenen Rubriken der Zeitschrift „Christ in der Gegen wart“ gehört ein Fragebogen, der dort Monat für Monat veröffentlicht wird. Als ich die Ehre hatte, zur Beantwortung der Fragen eingeladen zu werden, habe ich bei manchen Lesern Heiterkeit und Verblüffung und gleichzeitig auch tiefe Nachdenklichkeit ausgelöst, weil ich nämlich auf zwei gegensätzliche Fragen exakt die gleiche Antwort gegeben habe.

Auf die Frage: „Was gefällt Ihnen an der Kirche?“ habe ich geantwortet: „Die Menschen, die zu ihr gehören. Ihr Engagement. Ihr Mut. Ihre Ehrlichkeit. Ihre leuchtenden Augen.“ Die nächste Frage lautete: „Und was gefällt Ihnen an der Kirche nicht?“ Meine Antwort: „Ebenfalls die Menschen, die zu ihr gehören. Ihr unerlöstes Aussehen. Ihre Verlogenheit. Ihre Selbstgerechtigkeit. Ihre Präpotenz. Ihre Dummheit.“

Die Kirche, das weiß jeder Katholik, ist eine Kirche von Sündern und Heiligen. Sie hat ein göttliches und ein menschliches Element. Gut mög lich, dass wir vor lauter Begeisterung darüber, dass in unserer muffigen Kirche spürbar der Heilige

Geist weht, ein wenig vergessen haben, dass es in der Kirche nach wie vor auch das menschliche Element gibt.

„Freude und Hoffnung, Trauer und Angst der Menschen von heute, besonders der Armen und Bedrängten aller Art, sind auch Freude und Hoffnung, Trauer und Angst der Jünger Christi. Und es gibt nichts wahrhaft Menschliches, das nicht in ihren Herzen seinen Widerhall fände. Ist doch ihre eigene Gemeinschaft aus Menschen gebildet, die, in Christus geeint, vom Heiligen Geist auf ihrer Pilgerschaft zum Reich des Vaters geleitet werden und eine Heilsbotschaft empfangen haben, die allen auszurichten ist …" So lauten die ersten Worte von „Gaudium et Spes", der Pastoralkonstitution über die Kirche in der Welt von heute.

In der Kirche gibt es nicht nur Freude und Hoffnung, sondern auch Trauer und Angst, nicht nur den Petrus, der ein feierliches Bekenntnis zum Messias ablegt, sondern auch den Petrus, der den gleichen Messias feige verleugnet. Es gibt in der Kirche, die sich immer gleich bleibt und doch permanent reformiert werden muss, ein Auf und ein Ab.

Das Konzil war ein grandioser Aufschwung. Eigentlich dürfen wir uns nicht wundern, wenn das Pendel hinterher in die andere Richtung ausschlägt. Es gibt in der Kirche genauso die beharrenden Kräfte wie die verändernden Kräfte. Es gibt sie in uns selber – diese beiden Kräfte, die in ewigem Widerstreit miteinander liegen. Aber wir brauchen beides, um richtig Christ sein zu können: die Freiheit, aber auch die Bindung; die Bindung, aber auch die Freiheit. Ich habe einmal einen Meditationstext formuliert, in dem ich diese wichtige Einsicht am Gleichnis der Glocke festzumachen versuchte.

## Das Gleichnis der Glocke

Würde sie mit beiden Beinen auf der Erde stehen,
hätten wir nichts von ihr.
Sie kann nur zu uns sprechen,
wenn sie schwingt.

Sie kann aber auch nicht zu uns sprechen,
wenn sie davonfliegt.

So wie der Christ sein muss,
ist die Glocke:
festgebunden – und doch frei.

# Eine fundamentale Wende

## Worum es eigentlich ging

Wo gibt es Kinder im Volksschulalter, die imstande sind, korrekte Antworten zu geben, wenn man sie in einer Fremdsprache anspricht? Wo findet man Kinder, die bereit sind, ihre Freizeit zu opfern, um längere Texte in einer Sprache, die sie gar nicht verstehen, auswendig zu lernen und bei Bedarf fehlerfrei hersagen zu können? Noch in den 50er-Jahren des vergangenen Jahrhunderts gab es solche Kinder in großer Zahl. Man nannte sie „Ministranten".

### „Zum Altare Gottes will ich treten ..."

In der Pfarrkirche, in der ich getauft wurde, gab es ein dickes Buch mit der Aufschrift „Missale Romanum". Als Ministrant habe ich seinerzeit dieses „Römische Messbuch", das bis zum Zweiten Vatikanischen Konzil in Verwendung war, selber unzählige Male von der Sakristei zum Altar geschleppt. In riesigen Lettern sind in diesem Buch alle Gebete und Schrift lesungen abgedruckt, die im Lauf des Kirchenjahres benötigt werden: die variablen und die invariablen Teile der Heiligen Messe, die Formulare für sämtliche Sonntage und Wochentage vom Ersten Adventsonntag bis zum Fest Christkönig sowie für die Gedenktage der Heiligen und für Messen mit speziellen Intentionen, die so genannten „Votivmessen". Kurz und gut: In diesem umfangreichen Buch war alles und jedes enthalten, was überhaupt in Frage kam, von einem katholischen Priester im Rahmen einer Liturgiefeier rezitiert, feierlich gesungen oder still gebetet zu werden. Darum war das Buch auch so dick und so schwer.

Dass auch der Text des „Stufengebetes“ abgedruckt war, eines Psalms aus dem Alten Testament, mit dem früher die Messe begann, kam mir im zarten Kindesalter allerdings ziemlich überflüssig vor. Als Ministrant hielt ich das für eine reine Papierverschwendung. Mir war zwar bewusst, dass zwei Seiten weniger das Gewicht des Messbuches nicht wesentlich verringert hätten. Unleugbare Tatsache war aber, dass diese Seiten niemals aufgeschlagen wurden – an keinem Tag des Jahres, in keiner einzigen Messe. Das Stufengebet wurde nie aus dem Messbuch gelesen. Priester und Ministrant konnten den Text nämlich auswendig. Das Stufengebet war das Erste, das man als Ministrant auswendig zu lernen hatte. Und gerade dieser Text, der neben dem „Confiteor“ zum Schwierigsten gehörte, was mutige Messdiener über die Lippen bringen mussten, ohne sich zu verhaspeln, ist durch die Liturgiereform des Konzils gestrichen worden.

Freilich war die Verwendung des Rotstifts in diesem Fall durchaus sinnvoll. Ziel der Erneuerung der Liturgie war es, wie das Konzil betonte, die „aktive Teilnahme“ der Gläubigen zu fördern. „Der Mess-Ordo“, heißt es in der Konstitution über die heilige Liturgie, „soll so überarbeitet werden, dass der eigentliche Sinn der einzelnen Teile und ihr wechselseitiger Zusammenhang deutlicher hervortreten und die fromme und tätige Teilnahme der Gläubigen erleichtert werde. Deshalb sollen die Riten unter treulicher Wahrung ihrer Substanz einfacher werden. Was im Lauf der Zeit verdoppelt oder weniger glücklich eingefügt wurde, soll wegfallen.“ Jene Teile der Liturgie, die dem Wandel unterworfen sind, können sich „im Laufe der Zeit ändern, oder sie müssen es sogar, wenn sich etwas eingeschlichen haben sollte, das der inneren Wesensart der Liturgie weniger entspricht oder wenn sie sich als weniger geeignet herausgestellt haben“.

Das Stufengebet ist sicher ein harmloses Beispiel für ein Element, das im Sinne der Liturgiereform als veränderungswürdig erschien. Aber wenn man genau hinsieht, gab es da doch etwas, das ein wenig merkwürdig war. Man darf ruhig von einer Portion unfreiwilliger Komik sprechen. Wenn ich damals als 6-jähriger Knabe am Altar kniete und gemeinsam mit dem zweiten, meist gleichaltrigen Ministranten das Stufengebet sprach, dann waren wir gezwungen, ziemlich altklug zu reden. Für andere Messdiener – zum Beispiel für meine älteren Brüder, die sich bereits in der Pubertät befanden – mochte das Wort „jugendlich" bereits eine passende Bezeichnung sein. Aber wir, die wir noch nicht einmal reif für Erstbeichte und Erstkommunion waren, steckten noch voll und ganz in den Kinderschuhen und hatten die Jugend erst vor uns. Nichtsdestoweniger beteuerten wir immer wieder treuherzig, dass uns Gott bereits „von Jugend auf" erfreute. Da die Worte nicht auf Deutsch gesprochen wurden, sondern in einem manchmal unverständlich gemurmelten Latein ertönten, fiel die Ungereimtheit nicht weiter auf. Aber es waren doch recht fragwürdige Tatsachenbehauptungen aus Kindermund.

## Latein für immer und ewig?

Als der Schriftsteller Franz Werfel nach dem Siegeszug der Nazis ins Exil flüchten musste, legte er in Lourdes eine Art Gelübde ab: Falls es ihm gelingen sollte, wohlbehalten in den Vereinigten Staaten anzukommen, dann werde er einen Roman über die Geschichte des berühmten Wallfahrtsortes schreiben. „Das Lied von Bernadette" war dann der erste Roman, den Werfel in den USA schrieb.

Der zum Katholizismus hinneigende jüdische Dichter hat sich auch in seinem letzten Werk, im Roman „Stern der Ungeborenen", mit religiösen Fragen beschäftigt. Die Handlung spielt in ferner Zukunft – genau 100.000 Jahre nach dem Ende des Zweiten Weltkriegs. Im Jahr 101.945. Die zukünftige Welt, in die der Autor als Zeitreisender Einblick bekommt, ist eine Welt, die sich zum Positiven entwickelt hat. In unserem Zusammenhang ist ein Umstand besonders erwähnenswert: Von den vielen Religionen, die es früher einmal gegeben hat, haben interessanterweise nur zwei überlebt: die römisch-katholische Kirche und das Judentum.

Es ist spannend zu lesen, wie in diesem utopischen Roman in hundert Jahrtausenden die Heilige Messe gefeiert wird. „Es war ein mäßig großer, kahler, kalter, nüchterner Raum“, schildert Werfel. „Dass es eine katholische Kirche war, dafür zeugte inmitten aller Nüchternheit der Hochaltar, der durch die Jahrzehntausende seine Form streng bewahrt hatte und von einer hohen, goldstrahligen Monstranz gekrönt war. Was mich fremdartig berührte, war das Fehlen jeglichen Kirchengestühls, das den Andächtigen hätte Platz bieten können, der Messe kniend beizuwohnen.“

Die Liturgiefeier ist bereits im Gange, als unser Dante des 20. Jahrhunderts hinzukommt: „Der älteste von den drei Priestern, der die Stola trug, hatte auf seiner linken Handfläche ein winziges Büchlein liegen, nicht größer als eine Briefmarke, doch in seiner Rechten trug er den Weihwassersprenger. Vom Hochsitz des Bischofs her erklang ein lang gezogenes ‚Oremus‘. Diesem folgte leises Gebetstönen. ‚In nomine Patris et Filii et Spiritus Sancti‘, begann der Sprecher von neuem …“

Franz Werfel hat seinen Roman 1945 gerade noch vollenden können. Wenige Tage danach ist er gestorben. 20 Jahre später war seine Vision von der Kirche der Zukunft bereits Makulatur. Priester und Bischöfe feierten die Gottesdienste weltweit nicht mehr in Latein, sondern in der jeweiligen Landessprache. Dass sich an einer so fest gefügten Tradition wie der Lateinischen Messe etwas ändern könnte – erstens überhaupt, und zweitens so schnell und so gründlich –, das hat sich der Dichter nicht vorstellen können. Andere ebenfalls nicht. Ein Mann wie Johannes XXIII. aber schon!

## Tatort Messbuch

Das Messbuch, das ich in meiner Jugend als Ministrant zum Altar getragen habe, existiert heute noch. Es wird zwar nicht mehr benutzt, aber es ist ein interessantes historisches Dokument. An ihm lässt sich sehr schön der Übergang ablesen, in welchem sich die Feier der Heiligen Messe während der Zeit des Konzils befand – exakt in jener kurzen Zwischenzeit, als die Tridentinische Form noch nicht abgeschafft war und die erneuerte Gestalt noch nicht existierte.

Uns Ministranten war streng aufgetragen, sorgsam mit dem kostbaren Buch umzugehen und auf einen guten Erhaltungszustand zu achten. Wir sollten nur mit gewaschenen Händen in der Sakristei erscheinen und uns nach Kräften bemühen, nicht allzuoft über die Stufen oder das nach unten verrutschte Chorhemd zu stolpern, wenn wir gerade das Buch trugen. In diesem sakrosankten Druckwerk herumzuschmieren oder irgendetwas hineinzukritzeln, wäre ein Delikt gewesen, dessen Folgen wir uns gar nicht vorzustellen wagten. Dennoch kann man im alten Messbuch der Pfarrkirche meines Heimatortes heute noch sehen, dass es da jemand trotzdem gewagt hatte, etwas hineinzukritzeln. Nicht mit Bleistift, wo ein Akt der Wiedergutmachung mit einem Radiergummi möglich gewesen wäre, sondern mit der Füllfeder.

Der Pfarrer selber war der Täter. Die handschriftliche Eintragung, die er vorgenommen hat, findet sich mitten im „Kanon“, dem Zentralstück der Heiligen Messe – ganz in der Nähe der Stelle, an welcher auch die Wandlungsworte stehen. Ausgerechnet in diesen altehrwürdigen Text, dessen Wortlaut für absolut unveränderlich gehalten wurde, hat der damalige Pfarrer mit blauer Tinte etwas hineingeschrieben. Keineswegs aus Jux und Tollerei, sondern – wie uns der Pfarrer damals erklärte – „weil es der Heilige Vater so angeordnet hat“. Papst Johannes XXIII. hatte nämlich eine Änderung der Tridentinischen Messe vorgenommen, und zwar schon vor der Liturgiereform durch das Konzil.

Unter den Maßnahmen, die dieser herzerfrischende Überraschungsgast auf dem Stuhl Petri gleich zu Beginn seiner Amtszeit vornahm, war auch die Verfügung, dass der heilige Josef, der Nährvater Jesu und Bräutigam der Gottesmutter, im Hochgebet der Eucharistie genannt werden sollte.

Das war kühn und unerhört, denn es war ein Eingriff in den Kanon, an dessen Wortlaut kein Jota und kein Häkchen verändert werden durfte. Aber es war gleichzeitig auch so entwaffnend fromm, dass niemand etwas dagegen haben konnte. Alle Katholiken auf dem weiten Erdenrund stimmten zu: Na klar, der heilige Josef! Selbstverständlich gehört sein Name an dieser Stelle genannt – und nicht nur die Namen von Linus, Kletus, Klemens, Xystus, Cornelius, Cyprian und wie die „Kanonheiligen" alle hießen. Aber wie sagt das Sprichwort? Kleine Ursachen, große Wirkungen!

Mit einem Mal war nämlich der Bann gebrochen. Bevor es einem noch richtig bewusst wurde, was passiert war, schien das Unmögliche plötzlich möglich. Änderungen und Reformen waren denkbar. Und dabei hatte der Papst gar nichts abgeschafft, sondern im Gegenteil. Er hatte der Tradition lediglich etwas hinzugefügt – eine Kleinigkeit, die von allen akzeptiert werden konnte. Aber damit war eine psychologische Barriere überwunden und der Weg für weitere Reformen, die vielleicht nicht von allen akzeptiert werden konnten, war geebnet.

Es hieße Johannes XXIII. unterschätzen, wenn man ihm unterstellen wollte, dies wäre nur eine weitere seiner vielen spontanen Aktionen gewesen. Angelo Giuseppe Roncalli, dieser menschenfreundliche gute Hirt, stammte zwar aus einfachen Verhältnissen, aber er war keineswegs ein unbedarftes Landkind, das es gleichsam irrtümlich auf den Stuhl Petri verschlagen hatte – nur deshalb, weil beim Konklave nach dem Tod von Pius XII. das auf 53 Kardinäle zusammengeschrumpfte Kollegium, von denen die Hälfte bereits älter war als der 77-jährige Roncalli, keinen anderen Kompromisskandidaten gefunden hatte und weil Giovanni Battista Montini, den die Weitblickenden damals bereits favorisierten, noch nicht für wählbar gehalten wurde. Montini, der spätere Papst Paul VI., war zwar Erzbischof von Mailand, besaß aber noch nicht die Würde eines Kardinals – und einen Nicht-Kardinal zum Papst zu wählen, das erschien der Mehrheit der Purpurträger damals noch allzu kühn.

Nein, Johannes XXIII. war kein Naivling. Er war ein gelernter Historiker und überdies ein altgedienter Kirchenmann mit reicher diplomatischer Erfahrung. Er wusste genau, was er tat. Schon bei der Wahl seines Papstnamens konnte man es sehen. Der frühere Patriarch von Venedig hatte gleichsam ganz nebenbei eine bis dahin offene und unter Kirchenhistorikern umstrittene Frage geklärt. Indem er sich eben nicht „Johannes XXIV." nannte, sondern sich als den dreiundzwanzigsten rechtmäßigen Träger dieses Namens einführte, war ein für allemal klar, dass jener Baldassare Cossa, der im Jahr 1410 zur Zeit des Abendländischen Schismas unter dem Namen Johannes XXIII. als Nachfolger von Alexander V. zum Papst gekürt worden war, aus römischer Sicht eben kein rechtmäßiger Papst gewesen ist, sondern in die Reihe der Gegenpäpste gehört.

Wir dürfen getrost annehmen, dass der gute Johannes XXIII. Klugheit genug besaß, um abschätzen zu können, welche Folgen so ein kleiner Nadelstich in die verknöcherte Fassade der Kirche haben würde, wie es die Einfügung des heiligen Josef in den Kanon darstellte. Wenn es hart hergehen würde und verbissene Hardliner darauf beharren würden, dass solche Reformen, wie sie den Konzilsvätern vorschwebten, einfach nicht möglich wären, dann konnte man mit großer Gelassenheit kontern: Aber dieses vermeintlich Unmögliche ist doch längst passiert!

Genau so hatte man es schließlich auch schon beim Ersten Vatikanum gemacht: Die Gegner des Unfehlbarkeitsdogmas hatten die so genannte Honoriusfrage als Beweise angeführt, um die Unmöglichkeit der geplanten Definition zu erhärten. Sie wiesen darauf hin, dass seinerzeit einmal ein römischer Papst namens Honorius eine häretische Auffassung favorisiert hatte, und sie riefen noch andere Fakten aus der Kirchengeschichte in Erinnerung, die nicht ganz im Einklang mit dem zu stehen schienen, was man dem Oberhaupt der Kirche nun definitiv zuschreiben wollte. Aber auch die Vertreter der Pro-Seite hatten einen Präzedenzfall, den sie in die Waagschale werfen konnten. Sie konnten sagen: „Regt euch doch nicht auf!

Pius IX. hat schließlich schon längst bewiesen, dass es in der römisch-katholischen Kirche möglich ist, dass ein Papst einen Glaubenssatz im Alleingang entscheidet. Erst neulich, 1854, hat er das Dogma von der Unbefleckten Empfängnis der Gottesmutter verkündet, und keiner hat widersprochen, sondern alle haben es brav hingenommen und damit letztlich akzeptiert, dass er so etwas tun durfte ..."

## „Santo subito" – anno 1963

Der kühn vorpreschende Geist eines Johannes XXIII. befand sich im Clinch mit den beharrenden Kräfte in der Kirche – vor allem mit jenen in der römischen Kurie. Der erbitterte Widerstand der ängstlichen Bewahrer im Vatikan gegen den furchtlosen Fortschreiter in den eigenen Reihen war auch nach dem Ableben des charismatischen Pontifex noch nicht zu Ende. Man konnte nicht verhindern, dass Johannes XXIII. vom gläubigen Volk und auch von vielen andern „Menschen guten Willens" außerhalb der katholischen Kirche heiß geliebt und verehrt wurde. Aber man konnte zumindest verhindern, dass der verstorbene Papst auf der Stelle heiliggesprochen wurde. Und das hatte man ernsthaft vor.

Das bereits erwähnte Buch von Franz Werfel „Das Lied von Bernadette" wurde bekanntlich erfolgreich verfilmt. Fast jeder an christlichen Themen Interessierte hat den Hollywoodstreifen irgendwann einmal gesehen und wird sich an den berühmten Satz erinnern, den die Zuschauer als Vorspann zum Film lesen können: „Für die, die an Gott glauben, ist keine Erklärung nötig, für die, die nicht an Gott glauben, ist keine Erklärung möglich." Nach dem Tod des Konzilpapstes wurde in Rom ein ganz ähnlicher Satz gesprochen ...

Die Stimmung war damals so, dass man sich ohne Weiteres vorstellen konnte, die beim Konzil versammelten Bischöfe würden Johannes XXIII. sofort per Akklamation heilig sprechen. Es war ein klarer Fall von „Santo subito", lange vor Johannes

Paul II. – und da war ganz gewiss nichts von irgendwelchen Pressure Groups angezettelt worden, sondern man folgte einem spontanen Gefühl. Aber die, die sich schon auf den neuen Heiligen freuten, hatten die Rechnung ohne die Kurie gemacht. Erzbischof Bruno Heim, der ehemalige Sekretär von Angelo Roncalli, hat in einem Interview erzählt, wie es damals war: „Die Kurie hat gebremst und angekündigt, es würde sofort das Kanonisierungsverfahren für Johannes XXIII. und Pius XII. eingeleitet. Ich habe damals gesagt: Für Pius XII. wird das Verfahren nicht gelingen, und Johannes XXIII. hat keines nötig.“

Anders als Johannes Paul II., der bereits sechs Jahre nach seinem Tod seliggesprochen wurde, musste Johannes XXIII. siebenunddreißig Jahre „warten“, bis er zur Ehre der Altäre erhoben wurde. Erst im Jahr 2000 war es so weit. Und man mag es drehen und wenden, wie man will, es gibt keinen vernünftigen sachlichen Grund für diese Verzögerung. Der Papst aus Polen hatte nichts, was Johannes XXIII. nicht ebenfalls gehabt hätte. Nur eben dies, dass es in seiner eigenen Mannschaft Leute gab, die gewisse Dinge ganz anders beurteilten als der verstorbene Chef. Für jene Herren war Johannes XXIII. gerade deswegen ein rotes Tuch, weil er das Konzil angezettelt hatte. Nicht immer wurde dies so unverblümt zugegeben wie in einem Gespräch mit Roncallis Sekretär. Ich zitiere wieder aus den Erinnerungen von Erzbischof Bruno Heim: „Ein Gegner der Kanonisation von Johannes XXIII. war damals der zuständige Kardinal für die Vorbereitung der Heiligsprechungen. Ich habe in einem Gespräch die vorgebrachten Gegengründe widerlegt. Dann hat er schließlich gesagt: Ja, aber er war doch schuld an dem Konzil!“

## Das Eis war gebrochen

Es gab in jener Zeit freilich auch Kardinäle, die ganz anderer Meinung waren: Fortschrittliche Kirchenmänner, die es diesen stockkonservativen Herren in der Kurie von Herzen gönn-

**Winterliche Zeiten währen nicht ewig**

Gegen das Wehen des Geistes hat das Eis keine Chance.

ten, dass sie nun einen Papst an der Spitze hatten, der sie das Fürchten lehrte. Der Kölner Erzbischof Kardinal Josef Frings war einer von ihnen. Für Frings kam das Zweite Vatikanische Konzil keineswegs unerwartet. Im Gegenteil. Er betrachtete es als eine Art Föhnwind in der Frühlingsnacht, der endlich das Eis des Winters bricht. Im Rückblick auf jenes Konzil, das zum Höhepunkt seines kirchlichen Wirkens werden sollte, sagte Kardinal Frings in einem Rundfunk-Interview: „Als der Papst Johannes XXIII. gewählt war, habe ich zu meinem Sekretär gesagt: Jetzt wäre eigentlich ein Konzil fällig. Und es dauerte nur ein Vierteljahr, da verkündete der Papst, er wolle ein Konzil halten – zur Verwunderung der ganzen Welt und der römischen Kardinäle. Die haben da einen Schlag bekommen."

Grund genug zu fragen: Um was für schreckliche Dinge ging es denn in diesem Jahrhundertereignis namens Konzil, dass sich sogar einflussreiche Kleriker, die an den Schalthebeln im Vatikan saßen, vehement dagegen wehren zu müssen meinten? Die Antwort ist im Grunde ganz einfach: Dieses Konzil bedeutete eine Kehrtwende. Nicht nur die Liturgiereform war revolutionär. Sie wurde nur am meisten bemerkt, weil sie auffällige Änderungen mit sich brachte: der zum Volk gewendete Altar, der Ambo, der als „Tisch des Wortes" in die Nähe des Tisches des Herrenmahles gerückt wurde, eine neue Rollenverteilung bei den Diensten, das Vaterunser als Gemeinschaftsgebet, der Austausch des Friedensgrußes, die Verwendung der Volkssprache im Gottesdienst und so weiter.

Übrigens hat das Konzil keineswegs, wie gelegentlich behauptet wird, das Latein einfach „abgeschafft". In der Liturgiekonstitution heißt es ausdrücklich: „Der Gebrauch der lateinischen Sprache soll in den lateinischen Riten erhalten bleiben …" Weiters: „Es soll Vorsorge getroffen werden, dass die Christgläubigen die ihnen zukommenden Teile des Ordinariums auch lateinisch miteinander sprechen oder singen können." Ferner: „Gemäß jahrhundertealter Überlieferung des lateinischen Ritus sollen die Kleriker beim Stundengebet die lateinische Sprache beibehalten. Jedoch ist der Ordinarius ermächtigt, die Benützung einer muttersprachlichen Übersetzung zu gestatten." Auch im Dekret über die Priesterausbildung wird Latein verlangt: „Vor Beginn der eigentlichen kirchlichen Studien sollen die Alumnen so viel Latein lernen, dass sie die zahlreichen wissenschaftlichen Quellen und die kirchlichen Dokumente verstehen und benützen können. Das Studium der dem eigenen Ritus entsprechenden liturgischen Sprache muss als notwendig verlangt werden."

## Kirche im Dialog

Nicht die Liturgiereform war das große Thema des Konzils. Die Kirche selber war das große Thema. Es ging darum, die Haltung neu zu bestimmen, die die Kirche zu sich selbst, zu ihrer Tradition, zu ihren getrennten Brüdern und Schwestern im christlichen Glauben, aber auch zu den anderen Religionen und vor allem zu der Welt von heute einnehmen sollte.

Damit sind eigentlich schon alle Themen erfasst, über die dann im Einzelnen diskutiert wurde, und die Texte, die das Zweite Vatikanum hierzu verabschiedet hat: die Kirche, die Priester, die Bischöfe, die Laien, die Bibelauslegung, die Erziehung im Allgemeinen und die Priesterausbildung im Besonderen, das Ordensleben, die Missionen, die Ostkirchen, der Ökumenismus, die Nichtchristlichen Religionen und die Religionsfreiheit, nicht zu vergessen die Massenkommunikationsmittel und – last not least, sozusagen als Herzstück des Ganzen, – die Pastoralkonstitution „Gaudium et Spes" über die Kirche in der Welt von heute.

Schon in seiner Eröffnungsansprache hat Johannes XXIII. betont, dass dieses Konzil keine Verurteilungen aussprechen werde. Die Kirche, sagte er wörtlich, „ist davon überzeugt, dass es dem jetzt Geforderten besser entspricht, wenn sie die Triftigkeit ihrer Lehre nachweist, als wenn sie eine Verurteilung ausspricht". Die Grundhaltung des Zweiten Vatikanischen Konzils war die Haltung des Dialogs, das Prinzip des aufeinander hinhörenden Gesprächs. Wo man schon im Gespräch miteinander war, da galt es, diesen Dialog zu vertiefen; wo nicht, da galt es, ihn aufzunehmen und in brüderlicher Weise geduldig zu führen.

„Brüderlich", das bedeutet: nicht von oben herab, sondern in Augenhöhe mit dem jeweiligen Gesprächspartner. Und „geduldig" bedeutet: nicht in falschem missionarischen Eifer; nicht besserwisserisch, sondern lernbereit und offen für neue Erfahrung, in pfingstlichem Geist.

Ein Glaube, der sich so sehr im Besitz der Wahrheit glaubt, dass er meint, es nicht nötig zu haben, auf die Wahrheit hinzuhören, die sich beim Anderen findet, um vom Anderen zu lernen, das ist ein armseliger, kleiner Glaube. Ein Glaube, der fähig ist, auch das Gute und Positive im Anderen zu sehen, selbst dann, wenn es sich bei diesem Anderen um einen Gegner handelt, den man in der Vergangenheit aufs heftigste bekämpft hat. Ein solcher zum Dialog fähiger Glaube ist ein Glaube, wie ihn uns die Kirche in diesem Konzil nahe legt – und wie sie ihn selber praktiziert hat.

## Reizwort „Aggiornamento"

Schon wenige Monate nach der spontanen Ankündigung des Konzils gab Johannes XXIII. in der Enzyklika „Ad Petri cathedram" bekannt, wie er sich das Ganze vorstellte und welche Marschrichtung einzuschlagen war. „Das Hauptziel des Konzils", sagte der Papst, „besteht darin, das Wachstum des katholischen Glaubens und die wahre Erneuerung der Sitten des christlichen Volkes zu fördern, damit die Kirchenordnung besser den Bedürfnissen und Bedingungen unserer Zeit angepasst werde. Das Konzil wird sicherlich ein wunderbares Schauspiel der Wahrheit, Einheit und Liebe sein, ein Schauspiel, dessen Anblick für jene, welche von diesem Apostolischen Stuhl getrennt sind, eine, wie Wir fest vertrauen, sanfte Einladung sein wird, jene Einheit zu suchen und zu finden, welche Jesus Christus vom himmlischen Vater so heiß erfleht hat.

**Christianus semper reformandus**
Neuer Wein gehört in neue Schläuche. Auch Apostelnachfolger brauchen ein Update.

Das Wort „Anpassung“ hat einen schlechten Klang. Eigentlich, so haben wir gelernt, soll man sich als Christ nicht anpassen. Man soll kein Chamäleon sein, das seine Farbe wechselt. Man soll nicht sein Fähnchen nach dem jeweils wehenden Wind hängen. Charakterstarke Menschen zeichnen sich dadurch aus, dass sie eben nicht mit den Wölfen heulen. Aber was soll's? In manchen Dingen müssen sich eben auch Kirchenleute und Theologen anpassen und den neuen Gegebenheiten Rechnung tragen, ob sie wollen oder nicht. – Ich will es an einem kleinen Beispiel demonstrieren.

Noch in den Jahren nach dem Ende des Zweiten Vatikanischen Konzils herrschten an der katholisch-theologischen Fakultät jener Universität, an der ich studiert habe, wahrhaft mittelalterliche Zustände. Frauen, die aus innerem Drang heraus Theologie zu studieren begonnen hatten, sahen sich, wenn sie ein anderer innerer Drang überkam, regelmäßig veranlasst, die Theologie zu verlassen und einen Stock tiefer bei den Philosophen Asyl zu suchen. Bei den Theologen gab es seit altersher nur ein Männer-WC. Weibliche Exemplare der Gattung Mensch existierten hier nicht, es gab sie höchstens in Form von Putzfrauen. Aber nach dem Konzil war der Frauenanteil unter den Theologiestudierenden keine zu vernachlässigende Größenordnung mehr.

Die Anpassung an die neue Zeit war in diesem Fall relativ einfach. Ein paar Arbeitsstunden von Installateuren genügten, um den Frauen die ihnen gebührende Gleichberechtigung zu geben und dem „Muff von tausend Jahren unter den Talaren" erfolgreich den Garaus zu machen. Übrigens profitierten davon auch die Männer, da beim Umbau die noch aus den Tagen vor der Sintflut stammenden Spülkästen verschwanden und die sanitären Anlagen insgesamt grundlegend erneuert wurden. Halten wir fest: Frauen hatten etwas in der Kirche verändert, sie hatten eine Anpassung erzwungen.

Gegen eine solche Art von Anpassung wird kein vernünftiger Mensch etwas einwenden. Aber in religiösen Dingen? Da gilt Anpassung doch überhaupt als das Schlimmste vom Schlimmen. „Gleicht euch nicht dieser Welt an" (Röm 12,2), mahnt der Römerbrief schon seit 2000 Jahren. Aber mit „Welt" ist in diesem Fall nicht die Welt gemeint, in der wir leben, nicht die von Gott geschaffene Schöpfung. Das kann man sehr schön am lateinischen Wortlaut ablesen. Da heißt es: „Nolite conformari huic saeculo". Wenn „Welt" gemeint wäre, müsste das Wort „mundus" da stehen, griechisch „kosmos". „Saeculum" bedeutet: das Jahrhundert, das Zeitalter, im übertragenen Sinn: das, was dieses Zeitalter ausmacht; das, was im Moment gerade „in" ist, die aktuelle Mode und so weiter. Man müsste also diesen oft missverstandenen Satz des heiligen Paulus zutreffenderweise so übersetzen: „Passt euch nicht dem Zeitgeist an!"

So weit, so gut. Aber, so könnten konservative Gemüter nun einwenden, und sie haben diesen Einwand in der Tat immer wieder gemacht!– Aber ist die Anpassung, die das Zweite Vatikanum gepredigt hat und die sich die Clubfans dieses Konzils so riesengroß auf ihre Fahne geschrieben haben, ist dieses „Aggiornamento" nicht genau jene Anpassung an den Zeitgeist, vor der sich der Christ hüten soll wie der Teufel vor dem Weihwasser?

Die Antwort ist nicht einfach. Sie lautet: „Ja" und „Nein". Denn es gibt einen solchen und einen solchen Zeitgeist. Die Welt hat nun einmal ein Doppelgesicht. In ihr gibt es Gutes und Schlechtes. Der Fortschritt als solcher ist weder gut noch schlecht, aber es gibt einen Fortschritt zum Guten und einen Fortschritt, der verderblich ist. Sich einfach blind drauflos an alles und jedes anzupassen, komme was kommen mag, wäre nicht nur unklug, sondern unsinnig. Es bedarf eben auch dessen, was die Bibel die „Unterscheidung der Geister" nennt.

Im Übrigen hieße es, das schöne Wort „Aggiornamento" gewaltig zu verunglimpfen, wenn man es einfach mit „Anpassung" übersetzt – und diese dann auch noch als eine Anpassung im schlechten Sinn versteht. Im Wort „Aggiornamento" steckt das Wort „giorno – der Tag". Es ist also ein „auf-den-Tag-Bringen" gemeint, eine „Verheutigung". Wenn ich heute einen Brief abschicke, den ich schon gestern oder vorgestern zu schreiben begonnen habe, dann genügt es nicht, das heutige Datum drauf zu schreiben, sondern das Geschriebene muss auch zum heutigen Tag passen. Zeitungsjournalisten haben diese Kunst schon immer beherrscht. Wenn sie am Nachmittag einen Bericht über das verfassten, was am Vormittag in der Pressekonferenz gesagt wurde, dann schrieben sie zum Beispiel: „wie der bayerische Ministerpräsident gestern erklärte". Weil in der morgigen Ausgabe der heutige Tag bereits der von gestern gewesen sein wird. Das von Johannes XXIII. propagierte „Aggiornamento" meint also nichts anderes als ein Update, eine Aktualisierung, kurz und gut: eine Anpassung im richtigen Sinn.

Eine sehr schöne Übersetzung von „Aggiornamento“ habe ich einmal auf einer Spruchkarte gelesen: „Die Kirche muss sich heuten“. – Heuten mit „eu“ geschrieben, nicht mit „äu“. Sie muss eine Kirche von heute werden. Obwohl auch „sich häuten“ etwas Richtiges trifft. Die Kirche als pilgerndes Gottesvolk kommt auf ihrem Weg durch die Zeiten nicht umhin, sich zu häuten – den alten Schuppenpanzer abzulegen wie eine Schlangenhaut. Auch das ist ein altes biblisches Motiv, das nicht nur für den Einzelnen, sondern für die gläubige Gemeinschaft als Ganze gilt: den „alten Menschen“ ausziehen und den „neuen Menschen“ anziehen.

Vor allem aber muss sich die Kirche „heuten“ im Sinne von „heutig werden“, im „Heute“ ankommen. Gerade sie, die das Künftige bereits zum Vorschein kommen lässt, darf nicht ewig im Gestrigen stecken bleiben. – Große Frage: Wie muss sie sich denn da anstellen, damit ihr das gelingen kann? Da hilft nur eines, fand Johannes XXIII., und er sprach es auch aus: Die Kirche muss einen „Sprung nach vorn“ wagen.

Euripides wusste es schon vor zweieinhalb Jahrtausenden. Der berühmte Schriftsteller im alten Griechenland, einer der drei großen Tragödiendichter der Antike, hat es in einem seiner Stücke so formuliert: „Viel zu viele gibt es, die mit kleinen Schritten erreichen wollen, was nur erreichbar wäre im Sprung.“ Ein anderer Dichter, der deutsche Klassiker Friedrich Schiller, hat in einem seiner Stücke eindrucksvoll vorgeführt, wie Recht Euripides hatte. Den Sprung nicht zu wagen, kann nämlich heißen, die einzige Chance einer Rettung zu verspielen. Im „Wilhelm Tell“ gibt es eine aufschlussreiche Szene.

Als der mutige Schweizer verhaftet wird, weil er der tyrannischen politischen Autorität den geforderten Respekt verweigert hat, wird er von den Bütteln abgeführt und in den Kerker gebracht. Den geographischen Gegebenheiten zufolge führt der Weg über den Vierwaldstätter See. Man fährt in einem Boot.

Der rebellische Tell wird gefesselt, damit er nicht womöglich auf die Idee kommt, ins Wasser abzutauchen und sich in Sicherheit zu bringen. Doch dann zieht ein Unwetter auf. Das Ruderboot gerät in Seenot, die Ordnungshüter des Landvogts sind mit der Navigation in den vom Sturm aufgepeitschten Wellen heillos überfordert.

Wenn jetzt einer helfen kann, dann nur der erfahrene Tell. Er ist dazu bereit, man bindet ihn los, und siehe da: das Schifflein kommt, dank Tells Ruderkunst, die mit Bärenstärke gepaart ist, an den Klippen vorbei, ohne dass es zerschellt. Doch dann im letzten Moment rudert Tell ganz nahe an die Felsenwand heran, lässt das Ruder fallen – und springt auf eine vorstehende Felsplatte.

Aber hören wir den Helden selbst, wie er seine beherzte Tat beschreibt: „Jetzt schnell mein Schießzeug fassend, schwing' ich selbst / und mit gewalt'gem Fußstoß hinter mich / schleudr' ich das Schifflein in den Schlund der Wasser. / Dort mag's, wie Gott will, auf den Wellen treiben! / So bin ich hier, gerettet aus des Sturms / Gewalt und aus der schlimmeren der Menschen!"

Keiner war imstande, Tell nachzuspringen, die Männer des Landvogts haben genug zu tun, das Boot vor dem Kentern zu bewahren. Aber der Schweizer Nationalheld ist gerettet. Er hat sich dem ungerechten Richter entziehen können. Hätte er allerdings „mit kleinen Schritten" versucht, ans Land zu kommen, dann hätten ihn die Wellen verschlungen. Die Rettung war nur möglich „im Sprung". Exakt das gleiche Verhaltensmuster hielt Konzilspapst Roncalli für angemessen, um die Kirche weiterzubringen, die in fatalen Traditionen festgefahren war.

In der Eröffnungsansprache des Konzils, am 12. Oktober 1962, hat er es wörtlich gesagt: „Der springende Punkt für dieses Konzil ist es nicht, den einen oder den anderen grundlegenden Glaubensartikel zu diskutieren. Aber von einer wiedergewonnenen nüchternen und gelassenen Zustimmung zur umfassenden Lebenstradition der Kirche erwarten jene, die sich auf der ganzen Welt zum christlichen, katholischen und apostolischen Glauben bekennen, einen Sprung nach vorn."

Johannes XXIII. wusste es also auch, dass es nichts nützt, wenn wir meinen, wir könnten mit kleinen Schritten erreichen, was doch nur zu erreichen ist, wenn man einen Sprung wagt. Das Zweite Vatikanische Konzil selber war zweifellos ein wichtiges Ereignis. Ob aber dann die Kirche selber durch das Konzil jenen „Sprung nach vorn" geschafft hat, den Angelo Roncalli im Sinn hatte, das war doch sehr die Frage. Da gingen die Meinungen gewaltig auseinander. Aber die Antwort auf diese Frage fiel, je mehr Zeit verstrich und je mehr Wasser den Tiber hinunter rann, umso eindeutiger aus. Wir können es nicht leugnen: Die römisch-katholische Kirche hat diesen Sprung nicht geschafft. So sehen es zumindest die Realisten. Die Optimisten sagen: Sie hat den Sprung bisher nicht geschafft. Und dann gibt es auch noch die pessimistischen Gemüter, die der Ansicht sind, sie hätte lieber gar nicht erst versuchen sollen, zu springen.

## Über Glaubensfragen darf gestritten werden

Zur Kirche gehören heißt nicht zu einer Gemeinschaft gehören, in der alles eitel Wonne ist, sondern zu einer Gemeinschaft, in der heftig gestritten wird – und auch heftig gestritten werden darf. Es liegt in der Natur der Sache, dass man sich, wenn man verschiedener Meinung ist, einfach so lange streitet, bis man sich in dieser oder jener Weise einig werden kann.

Es gibt in der Kirche die vorwärts stürmenden und die beharrenden Kräfte, die progressiven und die konservativen. Es gab sie schon von Anfang an: auf der einen Seite progressive Gestalten wie Paulus und Barnabas, auf der anderen den konservativen Petrus, der sich erst allmählich zu einem Umdenken hinreißen ließ, und den stockkonservativen Jakobus. Alle gehören sie zur Kirche und haben das Recht, zu ihr zu gehören. Auch beim Konzil führten keineswegs nur die Progressiven das Ruder.

Wenn Kirchenreformer mit ihren Forderungen kommen – Abschaffung des Zölibats, Priesterweihe für Frauen, Änderung der rigiden Sexualmoral und so weiter –, dann bekommen sie häufig zu hören: Über Glaubenswahrheiten kann man nicht abstimmen. Dogmen demokratisch entscheiden, das geht nicht. Aber nichts ist falscher als dieses Argument! Egal, ob es einer nur aus persönlicher Dummheit vorbringt, weil er es eben nicht besser weiß, oder ob er seinen anders denkenden Gesprächspartnern ganz bewusst eine dreiste Lüge auftischt, es stimmt einfach nicht! Das genaue Gegenteil ist nämlich wahr! Über jede, wirklich jede Glaubenswahrheit, die jemals von irgendeinem Konzil definiert worden ist, wurde mit Stimmenmehrheit entschieden.

Oder gibt es jemanden, der im Ernst meinen könnte, dass jene 2308 Konzilsväter, die am 7. Dezember 1965 bei der feierlichen Schlussabstimmung über den Text der Erklärung über die Religionsfreiheit mit „Ja“ gestimmt haben, aufgrund der Tatsache von 70 Nein-Stimmen – eine davon stammte bekanntlich von Marcel Lefebvre – auf die Idee gekommen wären zu sagen: „Also gut, wenn das so ist, dass 3,2 % von uns anderer Meinung sind als wir 96,8 %, dann ist damit bewiesen, dass unsere Ansicht unrichtig ist!?“

Mit anderen Worten: Das Argument „Über Glaubensinhalte kann man nicht abstimmen“ ist ein Scheinargument, mit dem Kritiker mundtot gemacht werden sollen. Selbstverständlich kann man über Glaubensinhalte abstimmen! Es ist ja nun wirklich nicht zu befürchten, die versammelten Bischöfe könnten womöglich irgendwann einmal mit Stimmenmehrheit beschließen, dass die Welt mit an Sicherheit grenzender Wahrscheinlichkeit nicht von Gott geschaffen wurde oder dass es überhaupt keinen Gott gibt. Kein Konzil würde so etwas jemals beschließen. Das ist ausgeschlossen.

Und wenn es doch geschähe, was dann? Ja, dann wäre es allerdings rein formell tatsächlich Glaubenslehre der Kirche – auch wenn wir uns beim besten Willen nicht vorstellen könnten, dass der Heilige Geist es tatsächlich zuließe, dass die von

**Placet oder non placet**
Im Dialog miteinander Positionen austauschen und im Hin und Her der Meinungen den Punkt finden, in dem alle eins sind

ihm erleuchteten mit seinem Beistand einen solchen gewaltigen Blödsinn beschließen würden. Denn ein Blödsinn bliebe es – wie so mancher Blödsinn geringeren Ranges, der tatsächlich schon beschlossen wurde. So etwa bei einer Synode in Elvira, als die Bischöfe bei Strafe der Exkommunikation verboten haben, „dass bei Tag auf dem Friedhof Kerzen angezündet werden", und zwar mit der Begründung, „weil die Geister der Verstorbenen nicht beunruhigt werden dürfen".

Es dürfte wohl weltweit kein Theologe zu finden sein, nicht einmal unter den stockkonservativen Exemplaren dieser Spezies, der bereit wäre, diesen Kanon einer regionalen Kirchenversammlung aus dem vierten Jahrhundert im Ernst als „Lehre der Kirche" zu verteidigen. Kurz und gut, über Glaubensfragen muss diskutiert werden. Zäh und beinhart, wenn es sein muss. Glauben heißt – nicht nur, aber gegebenenfalls auch – bereit sein, sich über die richtigen Ansichten über den Glauben zu streiten. Bei jedem Konzil ist dies geschehen. Die Kirchengeschichte lehrt uns, dass fast kein Streit vermieden wurde. Auch beim Zweiten Vatikanischen Konzil wurde gestritten, und zwar manchmal sehr heftig.

## Auch beim Zweiten Vatikanum wurde gestritten

Am 14. November 1962 – rund ein Monat nach der Eröffnung des Konzils – ging es um einen Textentwurf zur Dogmatischen Konstitution über die göttliche Offenbarung. Im Protokoll der Debatte wird ausdrücklich das Wort „Sturm" verwendet, um den Charakter der Auseinandersetzungen zu beschreiben. Ich zitiere aus dem zweiten Band der kommentierten Ausgabe der Konzilstexte, die als Ergänzungsbände zum „Lexikon für Theologie und Kirche" im Herder-Verlag erschienen sind.

„Als in der 19. Generalkongregation des Konzils, am 14. November 1962, die Debatte des Schemas durch die von Kardinal Ottaviani und Msgr. Garofalo vorgetragene Relation eingeleitet wurde, zeichnete sich bereits der unvermeidliche Sturm ab, der durch einen von den Präsidenten der Bischofskonferenzen Belgiens, Deutschlands, Frankreichs, Hollands und Österreichs verbreiteten privaten Gegenentwurf schon vorbereitet war. Kardinal Liénart erklärte lakonisch: Hoc schema mihi non placet."

Auf Deutsch heißt das: „Dieser Entwurf gefällt mir nicht." Allerdings ist die wörtliche Übersetzung insofern missverständlich, als es nicht um eine Geschmacksfrage geht – so, als hätte der französische Kirchenmann etwa nach einem Konzert gesagt: „Die Sänger fand ich ja ganz gut, aber dieser Dirigent gefällt mir nicht!" Das Wort „placet" ist hier ein Fachausdruck der Konzilsväter. Es bedeutet: „Dieser Entwurf bekommt nicht mein Plazet, ich stimme ihm keinesfalls zu."

Doch nun weiter im Bericht. „Im gleichen Sinn sprachen in derselben Sitzung die Kardinäle Frings, Léger, König, Alfrink, Suenens, Ritter und Bea, während die Kardinäle Quiroga y Palacios, Ruffini und Siri den Text verteidigten. Von besonderer Bedeutung war noch die Intervention des dem Einheitssekretariat zugehörigen Bischofs De Smedt von Brügge. Er verwies unter anderem darauf, dass der Papst dem Sekretariat den Auftrag erteilt habe, die anderen Kommissionen in ökumenischen Fragen zu beraten. Die Theologische Kommission habe aber abgelehnt, das Ergebnis ihrer Arbeit leiste dem ökumenischen Dialog keinen Dienst. ‚Das Schema bedeutet einen Rückschritt, ein Hindernis, einen Schaden. Die Veröffentlichung der theologischen Schemata in der Form der vorliegenden Entwürfe würde die Hoffnung vernichten, dass das Konzil zur Wiederannäherung unter den getrennten Brüdern führen könnte.' Am 20. November kam es in einer wenig glücklichen Form zur Abstimmung. Es wurde nicht gefragt, wie es normal gewesen wäre, ob der Text das grundsätzliche Placet der Väter finde oder nicht, sondern ob sie für oder gegen eine Unterbrechung der Diskussion seien. Nun musste mit Ja stimmen, wer gegen das Schema war, mit Nein, wer sich dafür einsetzen wollte. Ob das allen Abstimmenden klar wurde, muss dahingestellt bleiben …" So weit dieser kleine Ausschnitt aus diesem Bericht über eine Debatte beim Konzil. Zu wissen, wer den Bericht verfasst hat, ist ebenfalls nicht ganz uninteressant. Der Autor heißt Joseph Ratzinger, damals Universitätsprofessor in Tübingen.

## „Fortschrittlich" gegen „Verbohrt"

Eine andere hübsche Geschichte vom Konzil ist das beherzte Auftreten von Kardinal Frings und seines französischen Kollegen, Kardinal Liénart. Ein meisterschaftliches Match in der Endrunde „Fortschrittlich gegen Verbohrt". Der Kölner Erzbischof, Kardinal Frings, wurde, wie er selber gesagt hat, „von heiligem Zorn gepackt", als er bemerkte, dass in der Kurie daran gearbeitet wurde, das Schema über die Religionsfreiheit abzuwürgen.

Prompt gingen die geistlichen Herren zum Gegenangriff über. Frings und Liénart trommelten 17 gleichgesinnte Purpurträger zusammen und veranstalteten mit ihnen eine „Räubersynode". Mit diesem ironischen Ausdruck wollte Kardinal Frings lediglich sagen, dass es sich um ein „konspiratives Treffen" handelte. Der aus der Kirchengeschichte bekannte Begriff „Räubersynode" ist ein verächtlicher Ausdruck, den Papst Leo I. geprägt hat, um eine illegale Versammlung in Konstantinopel eben als illegal zu bezeichnen.

Bei diesem von Frings als „Räubersynode" apostrophierten, legendären Treffen des progressiven Flügels in Rom wurde dann ein Brief an den Papst formuliert und von allen unterzeichnet – was letztlich Erfolg hatte. Die konservativen Kräfte innerhalb der Kurie mussten in diesem Punkt klein beigeben, und die Erklärung über die Religionsfreiheit wurde dann als letztes Konzilsdokument beraten und im Dezember 1965 feierlich verabschiedet.

Wenn man die Dokumente des Konzils liest und sich in seine Geschichte vertieft, dann hat man den Eindruck, dass die Kirche mit dem Zweiten Vatikanum in der Tat einen gewalti-

**Fürchtet euch nicht**
Eine auf Abwehr getrimmte Kampftruppe beginnt vorsichtig die Fühler auszustrecken.

gen Sprung nach vorn getan hat. Wenn man sich hingegen ansieht, was in den Jahrzehnten danach passiert ist, dann kann man den Eindruck gewinnen, dass in der Kirche nichts weitergegangen ist. Keine Spur von einem Sprung nach vorn. Im Gegenteil, es wird immer verbissener versucht, in die andere Richtung zu springen. Aber auch dies ist nicht wirklich etwas Neues unter der Sonne. Der Salto rückwärts wurde schon von den Konzilsvätern selber trainiert. Einige von ihnen fühlten sich bemüßigt, zu bremsen, was das Zeug hielt, und den Rückwärtsgang einzulegen.

Der traditionalistische Erzbischof Marcel Lefebvre geriet erst später in die Schlagzeilen. Solange das Konzil noch im Gange war, war der italienische Kurienkardinal Alfredo Ottaviani der große konservative Buhmann. Auch wenn man nicht so genau wusste, um welche Sachfrage es im Moment gerade ging und was man von diesem oder jenem Vorschlag zu halten hatte: Wenn Ottaviani etwas gut fand, dann konnte man sicher sein, dass das etwas war, was dringend abgeschafft werden sollte; und wenn Ottaviani gegen etwas wetterte, dann konnte es sich klarerweise nur um etwas handeln, was modern und fortschrittlich war und voll und ganz dem vom charismatischen Papst geforderten „Aggiornamento" entsprach. So einfach war das. Wie man sieht, war das Schwarz-Weiß-Denken auch damals schon eine weit verbreitete Erscheinung, selbst unter hochintelligenten Menschen.

## „Ehrsame Konservative" und „fundamentalistische Fanatiker"

Nicht alle, die den Reformen des Zweiten Vatikanischen Konzils skeptisch oder ablehnend gegenüberstehen, tun dies in gleicher Weise, geschweige denn aus denselben Gründen. Auch hier tut wieder einmal eine Unterscheidung der Geister not. Konservativ ist nicht gleich konservativ. Im recht verstandenen Sinn müssen wir alle konservativ – das heißt: „bewah-

**Salto vitale**
Wo ein bedächtiger Schritt keinen Fortschritt bringt, muss ein Sprung nach vorn gewagt werden.

rend“ – sein. Schon Paulus hat gesagt: „Ich überliefere, was auch mir überliefert worden ist.“ (vgl. 1 Kor 15,3). Uns ist aufgetragen, das Glaubensgut, das uns anvertraut worden ist, zu bewahren und an die Generationen nach uns weiterzugeben. Aber nicht wie ein gut verschnürtes Paket sollen wir den Glauben weitergeben, sondern wie das Licht einer Kerze, an der sich andere Kerzen entzünden. Es ist das Feuer, das wir hüten und weitergeben und das wir immer von Neuem entfachen müssen, nicht die Asche. Die Asche anbeten hieße konservativ sein im schlechten Sinn.

Es gibt ehrsame Konservative, wie ich sie nennen möchte, die mit den Reformen des Konzils einfach überfordert sind. Gläubige, denen dieses Konzil einfach eine Nummer zu groß ist. Sie können es nicht fassen und bleiben lieber bei dem, was sie kennen. Mein alter Pfarrer war einer von ihnen. Er war 80 Jahre alt, als er starb. Er hat wie ein greiser Simeon den Aufbruch des Konzils gerade noch miterlebt, aber er hat ihn nicht dankbar begrüßt. Er wollte nichts davon wissen. Um in Frieden scheiden zu können, musste er die Neuerungen ignorieren, statt sie zu segnen.

Neben den ehrsamen Konservativen gibt es aber auch fundamentalistische Fanatiker und verwegene Hitzköpfe, die die Kirche in ihrer derzeitigen Gestalt generell ablehnen. Für sie ist das, was heute als katholisch gilt, alles andere als katholisch. Einmal habe ich selber miterlebt, wie Leute dieser Denkungsart öffentlich in Erscheinung getreten sind. Und zwar bei einem Protestmarsch anlässlich der Amtseinführung eines jener „Wende-Bischöfe“, von denen sich Rom einen Kurswechsel erhoffte. Eine Plattform von Kirchenreformern hatte zu einer friedlichen Demonstration aufgerufen, als jener überaus selbstbewusst agierende und zuletzt kläglich gescheiterte Bischof namens Kurt Krenn Oberhirte von Sankt Pölten wurde. Bei dieser Demonstration gegen die Bestellung eines so polarisierenden Mannes zum Hirten einer Diözese gab es auch ein Häuflein ultrakonservativer Katholiken, das eine Gegendemonstration veranstaltete. Auf einem der von ihnen wacker hoch gehaltenen Transparente konnte man lesen: „Hier marschiert die Konzils-Sekte!“

Wenn jemand eine extreme Ansicht vertritt, was soll man machen? Man kann nichts anderes machen als Jesus. Auch er musste es hinnehmen, dass einige seiner Nachfolger – und zwar nicht irgendwelche Mitläufer, die von Tuten und Blasen keine Ahnung hatten, sondern Leute aus dem Kreis der Apostel, die er selber in seine Elitetruppe berufen hatte -, dass solche Männer, die Söhne des Zebedäus zum Beispiel (vgl. Mt 20,20), höchst kindische Vorstellungen hatten, was die Zukunft der Kirche betraf, vor allem bezüglich der Rolle, die sie selber in diesem vermeintlichen Machtapparat dann spielen wollten.

Lernbereitschaft und Lernfähigkeit sind jedenfalls Tugenden, die einem Christenmenschen gut anstehen. Nicht nur Johannes XXIII. hat uns diese Tugenden vorgelebt, sondern auch der Apostel Paulus. Wie sagt er doch im Ersten Brief an die Korinther so schön? „Als ich ein Kind war, redete ich wie ein Kind, dachte wie ein Kind und urteilte wie ein Kind. Als ich ein Mann wurde, legte ich ab, was Kind an mir war.“ (1 Kor 13,11)

Ich kann nur sagen: Schätzen wir uns glücklich und seien wir froh und dankbar, wenn wir schon so weit sind, dass wir ehrlichen Herzens sagen können: Wir sind in Sachen Glauben keine kleinen Kinder mehr, sondern wir sind erwachsen und mündig geworden – mündige Christen, die diesen Namen auch verdienen!

Und haben wir Geduld mit jedem, der noch nicht so weit ist, mag er ein großes oder ein kleines Kirchenlicht sein! Die Kirche lebt von ihrer Vielfalt. Nichts Menschliches ist ihr fremd, das ist sicher. Aber das Göttliche ist ihr ebenfalls nicht fremd, das ist ebenfalls sicher. So glauben und bekennen wir es am Sonntag im Credo. Die Kirche, an die wir glauben und zu der wir alle gehören, wie unterschiedlich wir im Einzelnen auch sein mögen, ist die „eine und heilige, katholische und apostolische“ Kirche. Eine Kirche, die manchen als verknöchertes Gespenst vorkommt, die aber dank ihrer Dynamik, sich ständig reformieren zu können, von einer sagenhaften Jugendlichkeit ist. Man kommt aus dem Staunen nicht heraus, wenn man anfängt, sich zu vergegenwärtigen, was in dieser Kirche alles steckt!

Ich habe den zweiten Teil dieses Buches mit einem Gebet begonnen – mit dem Stufengebet, das im Tridentinischen Ritus am Beginn der Messfeier üblich war: „Zum Altare Gottes will ich treten, zu Gott, der mich erfreut von Jugend auf." Ich möchte ihn auch mit einem Gebet beenden. Und zwar mit einem Gebet, das ich selber verfasst habe. Es ist eines der „Gebete der Betroffenheit", die ich seinerzeit für eine Veranstaltung geschrieben habe, die anlässlich eines Papstbesuches stattfand.

## Was in der Kirche steckt

Die Kirche? –
Ach was,
die Kirche, die Kirche!
Die Kirche ist doch viel zu unbeweglich,
sagen viele.

Die Kirche ist ja viel zu starr,
die ist doch bloß damit beschäftigt,
den Fortbestand ihres Bestehens zu sichern!
Und überhaupt, man müsste ja blind sein,
wenn man nicht sieht,
wie sehr diese Ja- und Amensagerin
mit dem ganzen System
aufs Schönste verstrickt ist!

Die Kirche? Nein nein,
die bringt den verfahrenen Karren
nie und nimmer aus dem Dreck.
Ein Narr, wer sich von der Kirche
noch wunder was erwartet!

Herr,
schau nur, wie kleingläubig
die Ungläubigen sind,
die so daherreden –
und damit nur aussprechen,
was viele Gläubige
insgeheim denken!

Ach Herr,
wie kleingläubig
und wie furchtsam
sind wir doch alle miteinander!

Sag,
machst du uns Mut,
daran zu glauben,
dass da noch ein bisschen mehr
in der Kirche steckt
als das, was man auf Anhieb bemerkt?
Ja? Machst du uns Mut?

Bitte, Herr, hilf.
Hilf unserem Unglauben!
Und lass uns trotz allem
vor allem das Eine nicht glauben:
der Heilige Geist,
der weht, wo er will,
der hätte womöglich
ausgerechnet in der Kirche Lokalverbot! –

Amen.

# Freude und Hoffnung

## Was das Zweite Vatikanum letztlich gebracht hat

### Jugendlicher Geist

Im Jahr 2006 wurde in Paderborn das Ergebnis einer Umfrage des Bonifatiuswerks veröffentlicht. „Was könnten Erwachsene von den Jugendlichen lernen?“, lautete eine der Fragen, die man deutschen Katholiken gestellt hatte.

Wenn man bedenkt, dass Erwachsene Jugendlichen nicht selten mit gewissen Vorurteilen begegnen, wie man schon am Sprichwort ablesen kann: „Jugend kennt keine Tugend“ – und wenn man sich vor Augen hält, dass insbesondere religiöse Erwachsene jungen Leuten oft schier gar nichts Positives zutrauen möchten, dann ist das Ergebnis dieser Umfrage erstaunlich. Es waren vor allem drei jugendliche Verhaltensweisen, von denen die Befragten meinten, dass sie sich die Erwachsenen in ihrem Glaubensleben zum Vorbild nehmen könnten. Erstens kritische Fragen zu stellen und Standpunkte zu überdenken. Zweitens wirkliche Begeisterung zu entwickeln. Und drittens Berührungsängste zu Außenseitern abzubauen.

Wenn wir uns überlegen, was heutige Katholiken vom Zweiten Vatikanischen Konzil und dem Glauben derjenigen, die es getragen haben, lernen könnten, dann zeigt sich: Es passt exakt mit den Antworten dieser Umfrage zusammen. Genau jene Dinge, die Katholiken zu Beginn des 3. Jahrtausends an Jugendlichen nachahmenswert finden, sind auch die Dinge, die an den Konzilsvätern bewundernswert waren – an jenen von pfingstlichem Geist ergriffenen Männern aus aller Herren Länder, die sich vor einem halben Jahrhundert in

Rom zusammenfanden, weil sie die Kirche als dringlich der Reform bedürftig empfanden. Sie haben uns in hervorragender Weise vorgelebt, wie wichtig es für Christen ist, kritische Fragen zu stellen, Standpunkte zu überdenken, wirkliche Begeisterung zu entwickeln und – last, not least – Berührungsängste zu Außenseitern abzubauen. Allen voran hat dies der Vater der Konzilsväter in imponierender und hervorleuchtender Weise getan: Johannes XXIII.

Aber wenn sogar dieser 77 Jahre alte „Übergangspapst" genau jene genannten Eigenschaften besaß, dann heißt das doch im Umkehrschluss: Dieser Papst war jugendlich wie kein Zweiter!

## Die Zeichen der Zeit erkennen

Jahrzehntelang hatte kein Papst mehr den Vatikan verlassen. Seit dem Verlust des Kirchenstaates hatten sich die Päpste nämlich trotzig auf das winzige Territorium zurückgezogen, das ihnen verblieben war, und sich als „Gefangene im Vatikan" betrachtet. Johannes XXIII. machte diesem Spuk ein Ende. Er sah sich nicht nur als Oberhaupt der katholischen Kirche, sondern besonders auch als Bischof von Rom – und als solcher unternahm er bald nach seiner Wahl einen kleinen Spaziergang in seine Diözese, wobei er zwangsläufig die offizielle Staatsgrenze überqueren musste. Es war eine harmlose Geste, aber gleichzeitig ein gezielter Tabubruch. Damit wurde signalisiert: „Wir leben in einer anderen Zeit als früher! Seht her: Auch ungeschriebene Gesetze kann man umschreiben!"

Die Zeichen der Zeit zu erkennen, das betrachtete dieser Pontifex als seine Lebensaufgabe und als eine auch über sein Pontifikat hinausreichende Aufgabe für die Kirche der Zukunft. Zehn Tage vor seinem Tod rief der schwerkranke Papst seine engsten Mitarbeiter ans Krankenbett und gab ihnen noch ein letztes Mal eine programmatische Zusammenfassung dessen, worum es ihm zeitlebens ging. „Die heutige Situation, die He-

**Es geht auch anders**
Wer als Glaubender durch die Zeiten pilgert, muss immer wieder Grenzen überschreiten.

rausforderung der letzten 50 Jahre und ein tieferes Glaubensverständnis haben uns mit neuen Realitäten konfrontiert, wie ich es in meiner Rede zur Konzilseröffnung sagte", betonte Johannes XXIII. „Nicht das Evangelium ist es, das sich verändert; nein, wir sind es, die gerade anfangen, es besser zu verstehen."

Angelo Roncalli, dieser Mann der Veränderung, war ein ganz anderer Papst als sein Vorgänger. Kein hoheitsvoller Aristokrat wie Eugenio Pacelli, der Zwölfte in der Reihe der Pius-Päpste, sondern ein brüderlicher Heiliger Vater, ein Mensch wie du und ich. In seiner menschlich-gütigen Art, mit seiner Offenheit und Dialogbereitschaft und mit seinem entwaffnenden Humor fand er den Weg zu den Herzen der Menschen – nicht bloß zu seinen eigentlichen „Schäfchen", deren Hirte er war, sondern zu allen Menschen guten Willens. An diese Personengruppe, die „Menschen guten Willens", adressierte er auch seine Friedens-Enzyklika „Pacem in terris" – ein Rundschreiben, das der Papst unter dem Eindruck der Kuba-Krise verfasst hatte, als die Welt beinahe in einen verheerenden Atomkrieg geschlittert wäre.

Besonders punktete Johannes XXIII. bei den Journalisten. Der schreibenden Zunft gefiel es, dass es jetzt einen so unkonventionellen Papst gab, der einfach so mir nichts dir nichts aus dem Vatikan „ausbüxte". Prompt wurde ihm ein Spitzname verpasst. Genauso wie nach dem Konklave im Jahr 2005, als die Medienleute, stets um witzige Pointen bemüht, den frisch gekürten Benedikt XVI. wegen seines Familiennamens als „Papa Ratzi" in die Schlagzeilen brachten, nannten man Roncalli damals „Johannes den Spaziergänger". Auf Englisch klang es natürlich lustiger, da es eine bekannte Whiskymarke gleichen Namens gab: Johannes XXIII. war der „Johnny Walker".

Viele Katholiken waren damals über die spontane Ankündigung hoch erfreut. Der amtierende deutsche Bundeskanzler allerdings weniger. Konrad Adenauer war zweifellos ein Katholik mit Leib und Seele. Dennoch war er keineswegs Feuer und Flamme, als er erfuhr, was der neue Papst vorhatte. Der

Kanzler befand sich offenbar in der gleichen Gemütslage wie die Jungfrau Maria, nachdem ihr der Engel Gabriel verkündet hatte, sie solle Mutter werden. Adenauer fragte sich: „Wie soll denn dies geschehen?“

Und er fragte dies mit einer gewissen Bangigkeit. Denn als Politiker wusste er, dass es oft leichter ist, einen Sack Flöhe zu hüten, als ein schwerfälliges Gremium mit unterschiedlichen Meinungen und Interessenslagen auf eine Linie zu bringen. Und als Kenner der Institution Kirche war ihm ebenfalls nichts Menschliches fremd, so dass er ganz bestimmt nicht glaubte, einen Sack von gläubigen Flöhen zu hüten, wäre ein Kinderspiel.

Adenauer hatte kurz darauf Gelegenheit, bei einem diplomatischen Empfang einen guten Kenner des Papstes – Bruno Heim, einen gebürtigen Schweizer, – zu treffen. Unverzüglich sprach er ihn darauf an. Heim, der in der Zeit, als Angelo Roncalli Nuntius in Paris war, dessen Sekretär gewesen war, erzählte Jahrzehnte später, in einem Interview im Jahr 1992: „Adenauer hat mir gesagt, er könne nicht verstehen, dass ein Papst so unvermittelt ein Konzil ankündige. So etwas müsse doch organisiert und vorbereitet sein. Ich antwortete ihm, die Methode des Papstes habe wohl mehr Anspruch auf die Hilfe des Heiligen Geistes, als wenn er alles selber hätte vorausbestimmen wollen.“

## Ohne den Heiligen Geist geht nichts in der Kirche

Schon seit dem ersten Pfingstfest in Jerusalem, dem Geburtstag der Kirche, als der Geist die Apostel befeuerte, wissen die Gläubigen, was für eine zentrale Rolle der Heilige Geist in ihrer Gemeinschaft spielt. Die Väter des Zweiten Vatikanischen Konzils wussten es auch. Sie haben diesen Glauben feierlich bekräftigt. An vielen Stellen ist in den Konzilsdokumenten vom Heiligen Geist die Rede. Im Dekret über den Ökumenismus heißt es wörtlich: „Der Heilige Geist, der in den Gläubigen wohnt und die ganze Kirche leitet und regiert, schafft eine wunderbare Gemeinschaft der Gläubigen und verbindet sie in Christus so innig, dass er das Prinzip der Einheit der Kirche ist."

Ohne den Heiligen Geist geht nichts in der Kirche. Sogar bei Personalentscheidungen ist sein Wirken in der einen oder anderen Weise zu spüren. Erinnern wir uns nur an das Konklave im Jahr 1958. Die nach dem Tod von Papst Pius XII. versammelten Kardinäle ahnten wohl nicht so ganz, was sie anstellten, als sie den Patriarchen von Venedig zum Pontifex wählten. Sie betrachteten diesen Mann, der sich den Namen Johannes XXIII. gab, als einen „Übergangspapst". Als sich dann herausstellte, was für eine „Stufenrakete" man da gezündet hatte, wurde gesagt, bei dieser Wahl habe sicherlich der Heilige Geist seine Hände im Spiel gehabt. Das ist schon deswegen richtig, weil nach christlicher Glaubensüberzeugung der Heilige Geist immer seine Hände im Spiel hat. Freilich ist es nicht immer ein Spiel, zu dem die menschliche Vernunft vorsätzlich gute Miene gemacht hätte.

Johannes XXIII. war nämlich wirklich ein „Übergangspapst". Aber nicht im Sinn einer Zwischenlösung, gleichsam nach dem Motto: „Jetzt wählen wir erst einmal diesen Alten da, der soll es ein paar Jahre lang machen, und dann werden wir schon weiter sehen!" Sondern in einem ganz anderen Sinn. Johannes XXIII. erwies sich als ein „Papst des Übergangs", der dafür sorgte, dass die Kirche endlich in der Moderne ankam – oder der als Papst zumindest den Startschuss dazu gab, dass dieser Übergang beginnen konnte.

Wenn es um das Wirken des Heiligen Geistes geht, findet man oft das Sprichwort bestätigt: „Der Mensch denkt, aber Gott lenkt." Die verantwortlichen Leute in der Kirche dürfen mit dem Heiligen Geist rechnen und sich auf ihn verlassen. Aber mit ihm Kirchenpolitik betreiben zu wollen, das kann ins Auge gehen. Zwar ist der Heilige Geist nach dem Willen Jesu Christi den Hirten als ein „Beistand" gegeben worden, damit sie die ihnen anvertraute Herde besser weiden können. Aber bei aller Solidarität mit den Nachfolgern der Apostel, die ihm eigen ist, lässt sich der Heilige Geist von den Hirten trotzdem nicht herumkommandieren wie ein Hirtenhund, sondern: Er weht, wie er will. Um besser zu verstehen, was gemeint ist, müssen wir uns in die Vergangenheit versetzen und ein wenig unser Vorstellungsvermögen strapazieren, dann wird es uns nicht schwerfallen, eine schicksalsschwere Stunde der Kirchengeschichte im Geiste mitzuerleben.

## Eine folgenreiche Personalentscheidung

Die Szene, die sich damals abspielte, muss spannend gewesen sein wie ein Krimi. Nicht einmal Bestsellerautor Dan Brown hätte ein dramatischeres Drehbuch austüfteln können, als es diese Geschichte ist, die das Leben schrieb. Ihr Motto könnte lauten: „Stell dir vor, ein Papst hält eine Ansprache – und keiner hört weg!" Keiner gähnt, keiner verlässt das Lokal. Ganz im Gegenteil. Alle sind brennend daran interessiert zu erfahren, welche Ideen der „oberste Boss" der Kirche hat. Denn es gilt, eine Weichenstellung für die Zukunft zu treffen.

Eine heikle Personalentscheidung steht der Kirche ins Haus. Kurz zuvor hat nämlich ein hochrangiger Kirchenmann seinen Dienst quittiert, und zwar auf eine wenig schöne Art – durch Selbstmord. Die Affäre ließ sich leider nicht vertuschen, das furchtbare Ereignis ist längst landauf landab bekannt. Alle wissen es nun: Sogar in der Herde des Guten Hirten gibt es nicht nur weiße Schafe. Judas Iskariot war ein Verräter, ein „Sohn des Verderbens". Nun heißt es, den Tatsachen tapfer ins Auge zu blicken. Vor allem muss möglichst rasch ein Nachfolger gefunden werden, um jenen Mann aus dem obersten Gremium zu ersetzen, der unter so unwürdigen Umständen aus dem Leben geschieden ist. Die Zahl der Apostel muss so groß sein wie die Anzahl der Stämme Israels, so lautet die Vorgabe. Im Moment gibt es aber nur elf aktive Apostel. Also muss ein neuer gewählt werden. Es fragt sich nur, wer?

An dieser Stelle hätten Liebhaber des „Gehirn-Jogging" wieder eine gute Gelegenheit zu einer Fleißaufgabe. Sie könnten schnell die Bibel durchsuchen, um herauszufinden, von welchen Personen – außer von Jesus – im Neuen Testament am häufigsten die Rede ist. Die müssten nach gängiger Logik zu jenen gehören, die die beste Qualifikation für ein solches Amt haben.

Das Ergebnis der Recherche wird nicht lange auf sich warten lassen. Und es ist eindeutig genug. Wenn man sich an der Namensstatistik orientiert, kommt eigentlich nur ein einziger Mann in Frage: Paulus. Er ist derjenige, der im Neuen Testament mit Abstand am häufigsten erwähnt wird. Häufiger als alle anderen, um hundert Mal öfter als Petrus! Und das gewiss nicht ohne Grund. Es dürfte wohl niemanden geben, der im Ernst daran zweifelte, dass der Apostel Paulus eine wichtige Persönlichkeit für die Kirche war und dass es ohne ihn kaum zu jenem Siegeszug der Nachfolger Jesu gekommen wäre, der die Kirche zur großen gestaltenden Kraft des Abendlandes gemacht hat. Und dennoch: Als es um die Wahl eines zwölften Apostels ging, da hätte Paulus keine guten Karten gehabt.

Vergleichen wir die Situation beim Konklave im Jahr 1958 mit der Apostelwahl und versuchen wir uns vorzustellen, dass der Heilige Geist seine Hände im Spiel hatte, um den richtigen Mann im richtigen Moment in die entscheidende Position zu bringen. Als Angelo Roncalli zum Papst gekürt wurde, hatte der Heilige Geist ein leichtes Spiel. Aber als es galt, einen Nachfolger für den frühzeitig verstorbenen Judas zu finden? Welche Chance hätte er gehabt, die Wahl so zu lenken, dass jener fähige Bursche namens Paulus von Tarsus zum Zug kam? – Genau besehen hatte er keine.

Vergleicht man Johannes XXIII. mit Paulus, so wird man feststellen, dass Paulus ebenfalls ein Mann des „Übergangs“ war. Auch er war einer, der die Zeichen der Zeit erkannte und auf seine Weise dafür sorgte, dass die Kirche in der Moderne ankam, in der damaligen Moderne, versteht sich. Paulus führte die Jesusanhänger aus der Enge des Nationalismus und stellte die Weichen dafür, dass die Kirche zu einer universalen Weltkirche werden konnte. Zu einer „Kirche aus Juden und Heiden". Paulus wusste sich „schon vom Mutterschoß an" zum Heidenmissionar berufen. Genau genommen wusste er dies zwar nicht vom Mutterschoß an, sondern es wurde ihm erst im Lauf der Zeit klar. Seine konservativeren, geistig etwas schwerfälligen Mitbrüder, Petrus & Consorten, brauchten naturgemäß noch länger, bis sie es begriffen und in seiner ganzen Tragweite erfassen und akzeptieren konnten.

Zum Zeitpunkt der Apostelwahl allerdings hätte Paulus keine Chance gehabt, als echter Apostel akzeptiert zu werden. Es hört sich schier unglaublich an, aber es ist so: Ausgerechnet jener Apostelfürst, den man später so schön einträchtig mit Petrus abgebildet sieht, wäre bei dieser Wahl abgeblitzt. Da hätte es nicht einmal genützt, wenn sich der Heilige Geist als Strippenzieher betätigt hätte. Die Strippen, an denen er ziehen hätte können, waren so engmaschig, dass ein solches Ergebnis einfach nicht drin war.

Die vom damaligen Papst vorgeschlagene und von allen anderen widerspruchslos hingenommene Geschäftsordnung schloss nämlich die Wahl eines Mannes wie Paulus kategorisch aus. Umsichtig und klug, wie die Repräsentanten der Amtskirche zu sein haben - und wie sie es offensichtlich auch damals schon waren - hatten sie beschlossen, die Sache nicht selber zu entscheiden, sondern die Entscheidung einer Instanz zu überlassen, die über jede Kritik erhaben ist, nämlich dem Heiligen Geist persönlich.

Den Stier auf diese Weise bei den Hörnern zu packen, war eine geniale Idee. So wurde nämlich verhindert, dass hinterher irgendwelche böswilligen Kritiker vorlaut ihren Schnabel wetzen konnten, um der Kirchenleitung unlautere Motive zu unterstellen. Man kennt das ja zur Genüge. Immer gibt es sie in der Kirche, diese siebengescheiten Besserwisser, die stets sprungbereit auf der Lauer liegen, um Autoritätspersonen schonungslos herunterzumachen. Die hätten bestimmt wieder gesagt: Nicht das Wohl der Kirche hätten Petrus und seine Mannschaft bei dieser Wahl im Auge gehabt, vielmehr hätten kirchenpolitische Motive den Ausschlag gegeben, dass gerade dieser Mann auf den Schild gehoben wurde und kein anderer.

Indem man beschloss, die heiße Kastanie nicht selber aus dem Feuer zu holen, war man elegant aus dem Schneider. Der Schwarze Peter war nunmehr beim Heiligen Geist. Die Ironie am Ganzen ist freilich: Genau diese Entscheidung der Amtskirche, es dem Heiligen Geist zu überlassen, wer die Apostelwahl gewinnen würde, machte es dem Heiligen Geist unmöglich, Paulus als Apostel durchzusetzen.

## Die Amtskirche hat bestimmte Vorstellungen

Blicken wir kurz ins Drehbuch dieser Geschichte, dann ist sofort alles klar. Apostelwahl in Jerusalem. Es geht um die Frage: Wer wird Nachfolger von Judas? Das Procedere ist ganz einfach. Geeignete Kandidaten werden gesucht. Dann wird das Los geworfen, und wen es trifft, der ist der neue Apostel. Alle haben das Ergebnis der Wahl ohne Widerrede zu akzeptieren. Und der Gewählte darf sich dann in aller Demut rühmen, von allerhöchster Stelle eben für geeigneter gehalten worden zu sein als eventuelle Konkurrenten. Schließlich steht schon im Buch der Sprüche geschrieben: „Im Bausch des Gewandes schüttelt man das Los, doch jede Entscheidung kommt allein vom Herrn." (Spr 16,33)

So weit, so gut. In Kenntnis der Turbulenzen, die es bei gewissen Bischofsernennungen in unseren Tagen gegeben hat und leider Gottes immer wieder gibt, wird man sagen müssen, dass die Apostelwahl in Jerusalem nicht nur glimpflich verlaufen ist, sondern dass sie geradezu einen Rekord an Harmlosigkeit darstellt. Wie in den Akten des Neuen Testamentes nachgelesen werden kann, hat es damals nicht einmal zu einem Dreiervorschlag gereicht. Es standen lediglich zwei Kandidaten zur Auswahl: „Josef, genannt Barsabbas, mit dem Beinamen Justus, und Matthias." (Apg 1,23) Das Los fiel auf Letzteren, auf Matthias. Josef Barsabbas ging leer aus. – Und Paulus?

Paulus wäre nicht bloß leer ausgegangen, er wäre nicht einmal ins Rennen geschickt worden!

Um diesen Mann mit seinem unverzichtbaren Talent in die Kirche einzuschleusen, musste sich der Heilige Geist etwas anderes einfallen lassen – eine Strategie, mit der es ihm gelang, die Amtskirche auszutricksen.

Im Fall der Wahl des Matthias, den die Chefs der Urkirche für einen akzeptablen Kandidaten hielten, war der Heilige Geist so nett, exakt so zu wehen, wie es die Amtskirche vorgesehen hatte. Matthias an der Stelle von Judas. Gegen diese Personalentscheidung hatte der Heilige Geist bei Gott nichts einzuwenden. Aber für Paulus, gegen den allerdings die Herren in Jerusalem sehr viel einzuwenden wussten, war eine kirchliche Karriere nur möglich, wenn er als Quereinsteiger in den Ring kam.

Der Ordnung halber darf nicht unerwähnt bleiben, dass Paulus bei jener legendären Apostelwahl in Jerusalem sowieso nicht zur Verfügung gestanden wäre. Dieser Paulus, der bei Bedarf ganz schön polemisch sein konnte und seine Gegner in Korinth zum Beispiel mit der Frage nervte: „Bin ich denn nicht ein Apostel?“ (1 Kor 9,1), hatte zum Zeitpunkt dieser Apostelwahl nicht das leiseste Interesse, kirchlicher Amtsträger zu werden. Denn der Schüler des Gesetzeslehrers Gamaliël gefiel sich noch in der Rolle eines verbohrten Phariäsers, zu dem es besser passte, die Nachfolger Jesu zu verfolgen, als selber diesem Jesus nachzufolgen. Mit anderen Worten: Paulus hatte sein Damaskuserlebnis noch vor sich. Aber nehmen wir einmal an, er hätte sich bereits in diesem frühen Stadium der Kirchengeschichte zu Christus bekehrt gehabt und er wäre bereits jener rastlose Missionar gewesen, als den wir ihn kennen, Paulus hätte trotzdem keine Chance gehabt! Nie im Leben hätte er nämlich dem Anforderungsprofil entsprochen, das die Amtskirche in der Ausschreibung des Postens eines Apostelnachfolgers festgelegt hatte.

Wörtliches Zitat aus der schriftlichen Fassung der Rede, die der „oberste Chef“ der Urkirche damals gehalten hat: „Einer von den Männern, die die ganze Zeit mit uns zusammen waren, als Jesus, der Herr, bei uns ein und aus ging, angefangen von der Taufe durch Johannes bis zu dem Tag, an dem er von uns ging und in den Himmel aufgenommen wurde, einer von diesen muss nun zusammen mit uns Zeuge seiner Auferstehung sein." (Apg 1,21–22)

Das traf auf Paulus nun wirklich nicht zu. Er war nicht nur nicht „die ganze Zeit dabei", sondern er hat Jesus überhaupt nicht persönlich gekannt! Die Gorbatschow-Regel „Wer zu spät kommt, den bestraft das Leben" hat einiges für sich. Im Reich Gottes gilt sie allerdings nicht. Da gehen die Uhren anders.

## Alle Gläubigen sind Apostel

Nach den Kriterien, die die Amtskirche aufgestellt hatte, war Paulus kein Apostel, nach den Kriterien des Heiligen Geistes aber sehr wohl. Er, der als Quereinsteiger Apostel geworden war, überflügelte dann alle anderen Apostel in puncto Eifer und Arbeitseinsatz. Wie man weiß, war der Zeltmacher aus Tarsus, wenn es um das Reich Gottes ging, ein wahrer Workaholic. Und das Schöne ist: Die Amtskirche beugte sich den Gegebenheiten. Die Hierarchie akzeptierte schließlich die vom Heiligen Geist diktierte normative Kraft des Faktischen und hat Paulus letztlich doch als Apostel gelten lassen, obwohl er nach den von ihr selber diktierten Zulassungsbedingungen nie und nimmer einer hätte werden können. Eingefleischte Traditionalisten dürfen sich die „Moral aus der Geschichte" durchaus ins Stammbuch schreiben: Auch das Abrücken von der eigenen Sturheit ist in der Kirche eine bewährte Tradition.

Eigentlich müsste uns dieser Paulus sehr sympathisch sein. Denn ihm ist es im Endeffekt genauso ergangen wie uns heutigen Christen. Auch wir haben Jesus nicht persönlich gekannt, auch wir waren nicht dabei, als Jesus auf Erden wandelte – und dürfen trotzdem Apostel werden.

Paulus erging es wie Thomas, der am Abend des Ostertages nicht dabei war und nicht gesehen hat, was die anderen sahen. Aber das tat seiner Liebe zu Jesus keinen Abbruch. Paulus schätzte und verehrte Jesus. Er war mit ihm auf Du und Du. So sehr sogar, dass er sagen konnte: „Nicht mehr ich lebe, sondern Christus lebt in mir.“ (Gal 2,20)

Paulus von Tarsus hat Jesus von Nazareth zwar nie persönlich kennen gelernt. Aber er kannte den Herrn sehr wohl. Allerdings kannte er – genauso wie wir – nur den erhöhten Herrn. Jenen Jesus, der dort gegenwärtig ist, wo zwei oder drei in seinem Namen versammelt sind. Als Paulus Christ wurde, ging es ihm in der Tat exakt wie uns: Er schloss sich einer Bewegung an, die es schon vor ihm gab, und er fand seine Heimat in einer Gemeinschaft von Gleichgesinnten – in der Kirche. Und in dieser Kirche war und ist jener Jesus so lebendig, dass man sinnvoll sagen kann, die Kirche sei sein Leib.

Im Grunde genommen sind alle Gläubigen in der Kirche „Quereinsteiger“ wie Paulus. Alle sind quer eingestiegen ins neue Leben – durch einen Schritt der Umkehr, durch eine bewusste Entscheidung für den Glauben an das Evangelium.

Mehr noch: Eigentlich sind alle Gläubigen auch „Apostel“ wie Paulus. Ausnahmslos alle – vom soeben getauften Säugling angefangen bis hinauf zum hoch betagten Pontifex. Alle Gläubigen haben die gleiche Würde wie die Apostel. In der Kirche gilt eben nicht, was anderswo gilt: dass zwar alle gleich sind, aber manche dann doch ein wenig „gleicher“ sind als die andern, so wie es in George Orwells „Farm der Tiere“ vorgeführt wird, in jener grimmigen Satire, mit welcher der Autor bekanntlich die Plattheiten des stalinistischen Kommunismus bloßgestellt hat.

Alle Gläubigen in der Kirche, die an Würde den Aposteln gleich sind, haben allerdings auch die Pflichten von Aposteln. Wenn man das so hört, mag es vielleicht den Anschein einer gewagten Formulierung erwecken – einer kühnen Behauptung, reichlich übertrieben und weit entfernt von der Realität. Es ist aber offizielle Lehre der Kirche. Das Zweite Vatikanische Konzil hat im Dekret über das Laienapostolat ausdrücklich diese Feststellung getroffen – und es hat diese Aussage mit der kräftigen Bildsprache der Bibel untermauert.

So ist das in der Kirche: Nicht nur die Hierarchie allein, nicht bloß die Bischöfe und die Priester und die Gott geweihten Ordensleute, sämtliche Mönche und Nonnen auf dem weiten Erdenrund, sondern alle getauften Männer und Frauen, alle Glieder am Gottesvolk, alle „Laien", wie der von „laós", dem griechischen Wort für „Volk", abgeleitete Fachausdruck lautet, haben diese Würde – sagt das Konzil! Im Dekret über das Laienapostolat wird gesagt: „Pflicht und Recht zum Apostolat haben die Laien kraft ihrer Vereinigung mit Christus, dem Haupt. Denn durch die Taufe dem mystischen Leib Christi eingegliedert und durch die Firmung mit der Kraft des Heiligen Geistes gestärkt, werden sie vom Herrn selbst mit dem Apostolat betraut. Sie werden zu einer königlichen Priesterschaft und zu einem heiligen Volk geweiht, damit sie durch alle ihre Werke geistliche Opfergaben darbringen und überall auf Erden Zeugnis für Christus ablegen."

In diesem Licht besehen, bekommt übrigens jene dümmliche Schlagzeile, mit welcher beim Konklave im Jahr 2005 der patriotische Aspekt des Ergebnisses kommentiert wurde, plötzlich eine aufregende Brisanz. Was die „Bild-Zeitung" titelte, gilt wirklich: „Wir sind Papst!" Und der Slogan von Leipzig gilt ebenfalls: „Wir sind das Volk!" Nach dem Neuen Testament und dessen Lehre vom allgemeinen Priestertum der Gläubigen und nach der Lehre des Zweiten Vatikanischen Konzils sind wir alle Priester und ein „königliches Geschlecht". Aber eben noch weit mehr: Wir sind nicht nur Papst, sondern wir sind alle Apostel! Und das, obwohl wir nicht schon von der Taufe Jesu im Jordan angefangen immer dabei gewesen sind. Trotzdem sind wir bereits unser Leben lang Apostel, von Kindesbeinen an. Und dies nicht, weil wir bei irgendeiner Apostelwahl als geeignete Kandidaten aufgestellt worden wären und dann eben durch das gnädige Wehen des Heiligen Geistes das Los auf uns gefallen ist. Sondern schlicht deshalb, so lehrt es das Konzil, weil wir getauft sind!

Wenn es um die Frage geht, was denn das Zweite Vatikanum eigentlich gebracht hat, dann gibt es nur diese eine richtige Antwort: Das Zweite Vatikanische Konzil hat ganz elementare Sachen gesagt, wie sie noch von keinem anderen Konzil jemals gesagt worden sind. Zum Beispiel über die Rolle der Laien in der Kirche.

Ob diese fundamentalen und zum Teil sensationell neuen Erkenntnisse dann auch in die kirchliche Praxis umgesetzt worden sind – oder ob nicht vielleicht seitens der Amtskirche doch wieder der Versuch gemacht wurde, sie zu hintertreiben, abzuschwächen, zu ignorieren – das steht auf einem anderen Blatt. Tatsache ist aber, dass das Konzil diese Dinge gesagt hat und dass sie in einem kirchenamtlichen Dokument festgeschrieben sind.

## Als pilgerndes Gottesvolk unterwegs

Das Kirchenbild des Zweiten Vatikanums ist das Bild vom „pilgernden Gottesvolk". Die Kirche wird hier als die Gemeinschaft der Gläubigen gesehen, die wie eine Pilgerschar durch die Geschichte unterwegs ist – dem endzeitlichen „Reich Gottes" entgegen, jenem Reich, das nicht von dieser Welt ist. Dazu ein prägnantes Zitat aus dem Dekret über den Ökumenismus: „So ist die Kirche, Gottes alleinige Herde, wie ein unter den Völkern erhobenes Zeichen. Indem sie dem ganzen Menschengeschlecht den Dienst des Evangeliums des Friedens leistet, pilgert sie in Hoffnung dem Ziel des ewigen Vaterlandes entgegen".

Wie gewaltig der Umschwung war, kann man sehen, wenn man das Kirchenbild des Zweiten Vatikanums mit dem Bild vergleicht, das die Kirche früher von sich hatte, in jener Epoche, die man die „triumphalistische Ära" nennt. Das triumphalistische Selbstverständnis der Kirche kann man sehr schön ablesen an dem Bild, das in einem Kirchenlied gezeichnet wird, im Lied „Ein Haus voll Glorie schauet", das im 19. Jahrhundert entstanden ist und auch heute noch gern gesungen wird. Allerdings hat es ab der zweiten Strophe einen komplett neuen Text erhalten, der sich ekklesiologisch auf der Höhe des Zweiten Vatikanischen Konzils bewegt. Im Gotteslob unter der Nr. 639 findet sich ein entsprechender Hinweis. Die erste Strophe stammt von Joseph Mohr, gedichtet 1876. Die Strophen 2–5 stammen dagegen von Hans W. Marx, geschrieben im Jahr 1972.

In der Originalfassung dieses Liedes gibt der Dichter genau den Eindruck wieder, den die Kirche zu seiner Zeit nach außen hin gemacht hat, und wie sie sich auch selber verstand: Eine Trutzburg in der Welt, stolz emporragend und weithin sichtbar. Innen voller „Glorie", aber nach außen hin ausgestattet mit wehrhaften Türmen. Umgeben von hohen Mauern. Umkämpft, aber uneinnehmbar.

Es war eine selbstbewusste und siegesgewisse Kirche, die sich so sah. Sie wusste auf Grund göttlicher Zusage: Die Pforten der Hölle würden ihr letztlich nichts anhaben können, mochte der Feind auch noch so „dräuen" und um ihre Mauern „in wilder Wut" toben.

Allerdings war die Kirche auch damals schon mehr als eine triumphalistische Trutzburg. Sie bestand nicht bloß aus weltentrückten Gralshütern, die den ihnen anvertrauten Schatz des Glaubens hüteten und sich zu diesem Zweck in gut mittelalterlicher Art hinter die schützenden Mauern einer Burg verschanzt hatten. Es gab in der Kirche auch die ganz gewöhnlichen Arbeiter im Weinberg des Herrn. Sie mussten außerhalb der schützenden Mauern ihren Dienst leisten. Es waren die Seelsorger, die in direktem Kontakt zu den Gläubigen standen und unmittelbar mit ihren Sorgen und Hoffnungen konfrontiert waren. Das Fußvolk des Klerus erlebte die Welt ein wenig anders als jene höheren Kleriker, die sich in ihren Trutzburgen verschanzt hatten. Aber nicht nur die Welt erlebten sie anders, sie fingen auch an, die Kirche anders zu erleben, nicht mehr als ein Stück deplatziertes Mittelalter mitten in der Moderne, sondern als einen Sauerteig, dem die Kraft innewohnt, staubtrockenes Mehl in Brot zu verwandeln.

Das Konzil hat sich vorbereitet und angebahnt. Die neue Art, Kirche zu sein, ist aus der alten Art, Kirche zu sein, erwachsen – sie ist erblüht und herangereift und hat am Ende reiche Frucht getragen.

## Ein mühsamer Lernprozess

Bekanntlich sind nicht alle in der Kirche derselben Ansicht über den Kurs, der heute einzuschlagen ist. Aber dass das Konzil wichtig und bedeutend für die Kirche war, das bestreitet eigentlich niemand – außer einer Minderheit von Traditionalisten. Aber die Begeisterung für eine im Geist des Konzils erneuerte Kirche, die für die späten 60er- und die frühen 70er-Jahre so typisch war, die ist auch nicht über Nacht gekommen. Für viele war es ein – teilweise mühsamer und anstrengender – Lernprozess.

Ich habe ein Jahr nach dem Ende des Konzils, also genau in der großen Aufbruchsphase, mit dem Studium der Theologie begonnen. Mein alter Pfarrer, bei dem ich als Kind Ministrant war, hat den Anfang des Konzils gerade noch miterlebt. Wenige Wochen vor dem feierlichen Abschluss des Zweiten Vatikanums ist er gestorben. Dieser Mann war noch im 19. Jahrhundert aufgewachsen. Er mochte Neuerungen nicht. Sie beunruhigten ihn, weil sie ihm abverlangten, sich zu ändern. Dazu war er nicht mehr imstande. Als ich ihn gegen Ende seines Lebens zum letzten Mal besucht habe, hat er mir in seiner witzigen Art gleichsam entschuldigend erklärt: „Das Neue ist nichts für mich. Weißt du, ich gehöre schon zum Alten Testament. Mir ist es am liebsten, wenn ich sagen kann: Wie es war am Anfang, so auch jetzt und alle Zeit!“

Dieser Priester war 80 Jahre alt, als er das sagte. Ich konnte ihn gut verstehen. Aber nachfühlen konnte ich es ihm nicht. Ich war 17. Für mich war das Neue das Normale. Ich war ein Kind des Zweiten Vatikanums. Er nicht. Aber ich bin trotzdem auch ein Kind der vorkonziliaren Ära.

Ist es nicht eigenartig? Ausgerechnet jene Gläubigen, die im vorkonziliaren Geist aufgewachsen sind und in diesem verstaubten und verknöcherten Katholizismus erzogen worden sind, der uns später dann so abschreckend erschien, ausgerechnet sie waren es, die unserer Generation den Glauben weitergegeben haben. Sie waren es, die uns als Christen zu dem gemacht haben, was wir sind. Sie waren es, die uns die Kirche liebenswert gemacht haben.

Auch Johannes XXIII., der dieses revolutionäre Jahrhundertereignis in der Kirche losgetreten hat, war ein Kind der vorkonziliaren Ära. Auch Angelo Roncalli war in dem Geist erzogen worden, der jene triumphalistische Phase der Kirchengeschichte geprägt hat. Nur mit dem Unterschied, dass er sich nicht zu einem verstockten Konservativen entwickelte, sondern dass er lernbereit war. Er hat verstanden, die Zeichen der Zeit zu deuten.

Wenn man genau hinsieht, wird man sagen müssen, dass es solche Menschen in der Kirche auch schon früher immer wieder gegeben hat. Leo XIII. zum Beispiel war ebenfalls ein Papst, von dem man sagen kann, dass er – damals im späten 19. Jahrhundert – die Zeichen der Zeit erkannte und zu deuten verstand. Leo XIII. hat die Dringlichkeit der sozialen Frage gesehen – und er hat darauf reagiert. Aber leider kam seine progressive Sozial-Enzyklika „Rerum novarum“ zu spät. Die Arbeiter waren der Kirche bereits entfremdet, die proletarischen Massen waren der Kirche verloren gegangen. Verglichen mit seinem Vorgänger, Papst Pius IX., diesem engstirnigen „Hardliner“, war Leo XIII. ein echter Lichtblick. Dieser liberale, fortschrittlich denkende Völkerhirte hat viel zerschlagenes Porzellan gekittet. Die aufgeschlosseneren Geister in der Kirche hatten nämlich schon befürchtet, dass der nächste Papst die neu definierte Unfehlbarkeit als Macht- und Disziplinierungsmittel einsetzen werde. Genau das hat Leo XIII. aber nicht getan. Er hat von der Möglichkeit, unfehlbare Ex-cathedra-Entscheidungen zu treffen, dezidiert keinen Gebrauch gemacht. Johannes XXIII. hat sich übrigens im gleichen Sinn verhalten. Als er einmal zum Thema Unfehlbarkeit befragt wurde, antwortete er in der für ihn typischen Art: „Wir wissen zwar, dass Wir unfehlbar sind, aber Wir haben nicht vor, davon Gebrauch zu machen."

## Gaslaternen und Jupitermonde

Wenn immer so sehr betont wird, dass es gilt, die Zeichen der Zeit zu erkennen, dann deshalb, weil es eben keine Selbstverständlichkeit ist, dass die Kirche die Zeichen der Zeit erkennt. Seit dem Mittelalter hat die Kirche die Zeichen der Zeit eben nicht mehr erkannt. Auf so gut wie alle Entwicklungen hat sie ablehnend und abwehrend reagiert.

Noch zu Beginn des 19. Jahrhunderts hat es einen Papst gegeben, der das Aufstellen von Gaslaternen ablehnte. Er hatte sogar eine theologische Begründung für seine fortschrittsfeindliche Haltung: Gott hat bei Erschaffung der Welt den Tag und die Nacht geschaffen. Die Nacht ist bekanntlich finster und darf nach dem Willen des Schöpfers nur von Mond und Sternen erhellt werden, demnach stellen Gaslaternen einen Eingriff in die Schöpfungsordnung dar. – Heute lachen wir darüber, und auch damals lachte man darüber, denn es war einfach lächerlich. Bald darauf machten auch im Vatikan Gaslaternen die Nacht taghell wie in der Lichterstadt Paris. Aber überhaupt auf die Idee zu kommen, dass Gaslaternen ein Blendwerk des Satans sein könnten, sagt sehr viel über die fortschrittsfeindliche Haltung.

Statt sich als Mittelstürmer mutig ins Spielfeld der Neuzeit zu stürzen, sah sich die Kirche lieber in der Rolle eines Verteidigers – und panzerte sich doppelt und dreifach gegen die Tritte aufs Schienbein, die sie zu erwarten hatte. Die Kirche hinkte ihrer Zeit nach. Das neue Weltbild wurde nicht zur Kenntnis genommen, und die Fortschritte in der Naturwissenschaft wurden verteufelt, statt dass man die für das Glaubensverständnis nötigen Konsequenzen gezogen hätte. Ich erinnere nur an den Fall Galilei. Er blieb unerledigt bis in unsere Tage.

Dass dem großen Naturwissenschaftler, der die Jupitermonde entdeckte, bitteres Unrecht widerfahren ist, als er im Jahr 1633 von der Inquisition verurteilt wurde, war schon lange klar. Aber erst seit 1992, als Papst Johannes Paul II. in seiner berühmten Rede vor der Päpstlichen Akademie der Wissenschaften den Fall Galilei als ein „schmerzliches Missverständnis" charakterisierte, darf Galileo Galilei offiziell als rehabilitiert betrachtet werden.

Besonders fatal wirkte sich die Abwehr neuer Erkenntnisse auf die Auslegung der Heiligen Schrift aus. In der Bibelwissenschaft waren längst die evangelischen Exegeten führend, die katholische Kirche hinkte um zweieinhalb Jahrhunderte nach. Bibliker, die dem römischen Papst zum Gehorsam verpflichtet waren, mussten Theorien vertreten, an die sie, sofern sie nicht ausgemachte Dummköpfe waren, selber nicht glaubten. Wider besseres Wissen mussten sie längst überholtes Zeug vertreten, das aber offiziell als Wahrheit galt. Intellektuell redlichen katholischen Exegeten erging es in jener Zeit oft nicht anders als den Verkäuferinnen in der Deutschen Demokratischen Republik. Das, was sie offiziell auf dem Ladentisch hatten, konnte man vergessen. Interessant war nur die „Bückware", das heißt jene Artikel, die man ebenfalls im Angebot hatte, allerdings illegal, weil es verbotene Ware war, sodass man sie vor den Augen der Gesetzeshüter verstecken musste. Weil sich eine Verkäuferin, wenn danach gefragt wurde, bücken musste, um das Verlangte unter dem Ladentisch hervorzuholen, sprach man scherzhaft von „Bückware".

Es war so sicher wie das Amen im Gebet, dass es zu diesem Konzil kommen musste, da die Themen, die es zu debattieren galt, immer zahlreicher und die Probleme immer dringlicher wurden. Der Reformstau wurde immer größer. Gerade die engagierten und wachen Gläubigen, die ihre Kirche liebten, spürten es: So, wie es bisher war, konnte es mit ihrer Kirche einfach nicht mehr weitergehen!

Und siehe da, während die wackeren Krieger in der katholischen Festung weiterhin mit unvermindertem Kraftaufwand gegen alles ankämpften, was ihrer Ansicht nach den Glauben und die Kirche bedrohte – ich nenne nur die Stichworte „Syllabus“ und „Antimodernisteneid“ –, geschah wundersam Neues.

Es war wie in den Zeiten des Exils. Als das Gottesvolk des Alten Testaments traurig an den Flüssen Babels saß, verkündete ihnen ein Prophet als tröstliches Wort Gottes: „Seht her, nun mache ich etwas Neues. Schon kommt es zum Vorschein, merkt ihr es nicht? Ja, ich lege einen Weg an durch die Steppe und Straßen durch die Wüste.“ (Jes 43,19) Der Heilige Geist wehte in der Kirche schon längst vor dem Konzil, während die Vertreter der Institution noch etwas ganz anderes wollten und sich gegen das Neue, das sich anbahnte, wehrten, so gut es ging. Nicht erst die schmerzlichen Erfahrungen des Zweiten Weltkriegs haben die Menschen religiös aufgerüttelt und in neuer Weise nach dem Sinn des Lebens und des Leidens fragen lassen. Bereits der Erste Weltkrieg hatte Wunden geschlagen, zu deren Heilung mehr erforderlich war als ein kleines Trostpflaster. Wenn es um die existentiellen Fragen des Menschen ging, reichten die formelhaften Antworten von weltfremden Katechismusautoren nicht aus. Vor allem die Seelsorger merkten es tagtäglich, dass man die heutigen Fragen nicht mit vorgestanzten Antworten von vorgestern beantworten konnte. Sie merkten, dass es längst nicht mehr stimmte, was offiziell gesagt wurde: „Das Heil der Gläubigen ist das oberste Gebot.“ In so und so viel Fällen zeigte sich überdeutlich, dass für die kirchlichen

Amtsträger in Wirklichkeit nur das Heil der Institution oberstes Gebot war. Aus vordergründigem Interesse wurden Theologen gemaßregelt. Gerade die wachsten und intelligentesten erhielten Schreibverbot, obwohl sie alles andere als Glaubens- und Kirchenfeinde waren.

Menschenverachtung im Namen des gütigen und menschenfreundlichen Gottes – das erleben zu müssen war für aufrechte Gemüter, die ihre Kirche ehrlich liebten, eine noch schlimmere Prüfung, als es eine zünftige Christenverfolgung durch grimmige Glaubensfeinde gewesen wäre. Aber es half alles nichts. Die Zukunft der Kirche hatte längst begonnen. Der Geist wehte eine neue Ära herbei. Eine Neubesinnung auf den eigentlichen Kern, auf die Mitte der christlichen Existenz setzte ein. Sie war das Bedürfnis der Stunde.

## Die Kirche erwacht „in den Seelen"

Romano Guardini hat bereits 1922 die Formel geprägt: „Die Kirche erwacht in den Seelen". Die Ideale der Jugendbewegung führten zu einer Wiederentdeckung der Kirche als Gemeinschaft. Und die gemeinschaftsbezogene Vorstellung von der Kirche als dem fortlebenden „mystischen Leib Christi" führte gleichsam wie von selbst zu einer Neuentdeckung der Liturgie. Die Liturgie wurde nicht mehr verstanden als ein Geschehen, bei dem nur der Priester aktiv ist, der irgendwo vorne am Altar steht und den Kult zelebriert, sondern als eine Feier, an der das ganze Volk Gottes beteiligt ist.

Die „aktive Teilnahme", von der das Konzil spricht, wurde zunächst einmal lebendig erfahren – durch Experimente, die für die damalige Zeit kühn und natürlich unerlaubt waren. Die aber trotzdem gemacht wurden! Und zwar nicht von wilden Revoluzzern, sondern von Menschen, deren Integrität über jeden Zweifel erhaben war.

Pioniere in der Benediktinerabtei Maria Laach und der Augustiner Chorherr Pius Parsch in Klosterneuburg waren die

Vorreiter der Liturgischen Bewegung, deren Früchte dann das Zweite Vatikanum in die erneuerte Form der Liturgie einbringen konnte. Die neue Erfahrung von Kirche als Erlebnis der Gemeinschaft des Gottesvolkes war wunderbar. Aber sie blieb nicht auf die Feier der Liturgie beschränkt. Es herrschte Ansteckungsgefahr. Munter ging es weiter und weiter, wie in einer Art Domino-Effekt. Wenn Kirche Gemeinschaft im Glauben war, wie konnte man da in den Grenzen der Konfession stecken bleiben? Man verspürte nur mit noch größerem Schmerz die mangelnde Einheit unter den Jüngern Jesu. Die Ökumenische Bewegung war ebenfalls ein Zeichen der Zeit. Im Protestantismus hatte sie bereits organisatorische Formen angenommen. Und im Katholizismus entstand die „Una-Sancta-Bewegung", die im Konzil Frucht trug.

## Lernfähiger Glaube

Die großen Weltreligionen, und vor allem das Judentum, wurden ebenfalls in einem neuen Licht gesehen. Wenn man die Biografie von Johannes XXIII. kennt, könnte man fast meinen, die Stimme dieses Angelo Giuseppe Roncalli höchstpersönlich zu hören, wenn es in der Erklärung über das Verhältnis der Kirche zu den nichtchristlichen Religionen, im Dokument „Nostra Aetate", heißt: „Mit Hochachtung betrachtet die Kirche auch die Muslime, die den alleinigen Gott anbeten, den lebendigen und in sich seienden, barmherzigen und allmächtigen, den Schöpfer Himmels und der Erde, der zu den Menschen gesprochen hat. Sie mühen sich, auch seinen verborgenen Ratschlüssen sich mit ganzer Seele zu unterwerfen, so wie Abraham sich Gott unterworfen hat, auf den der islamische Glaube sich gerne beruft. Jesus, den sie allerdings nicht als Gott anerkennen, verehren sie doch als Propheten, und sie ehren seine jungfräuliche Mutter Maria, die sie bisweilen auch in Frömmigkeit anrufen. – Da es jedoch im Lauf der Jahrhunderte zu manchen Zwistigkeiten und Feindschaften zwischen Christen und Muslimen kam, ermahnt die Heilige Synode alle, das Vergangene beiseite zu lassen, sich aufrichtig um gegenseitiges Verstehen zu bemühen und gemeinsam einzutreten für Schutz und Förderung der sozialen Gerechtigkeit, der sittlichen Güter und nicht zuletzt des Friedens und der Freiheit für alle Menschen."

Johannes XXIII. war ein Mann, der die Fähigkeit besaß, aus den eigenen Erfahrungen zu lernen. Nach einer Reise durch Nordafrika, die er als Nuntius von Paris aus unternahm, notierte er, diese Reise habe ihm das Problem der Bekehrung der Ungläubigen lebhaft ins Bewusstsein gebracht. In seinen jungen Jahren hatte er über Andersgläubige so gedacht, wie man damals in der Kirche eben dachte. In Exerzitien-Aufzeichnungen aus dem Jahr 1903 notierte der junge Roncalli das Gebet: „Herr, zerstreue die Finsternis des Heidentums, kläre und vertreibe das falsche Licht der Häresie …"

Als Apostolischer Delegat in der Türkei hat er gewaltig dazugelernt. Dort erlebte er, wie sich Muslime verhalten und mit welchem religiösem Ernst sie beten, und er hat sie bewundert und eine große Hochachtung für sie empfunden. Durch diese Erfahrung wurde ihm schlagartig klar, dass er das, was er in der Schule und an der Universität über „die Mohammedaner" gelernt hatte, vergessen konnte. Es stimmte einfach nicht. Roncalli sagte sich: So sehen doch keine verblendeten Heiden aus, die sich in den Klauen Satans befinden und nur dadurch gerettet werden können, dass sie so schnell wie möglich zu Christus geführt werden, nein, das sind tief religiöse, gläubige Menschen, vor deren Glaube man großen Respekt haben muss – noch dazu, wo sie einiges mit uns gemeinsam haben, mit uns Christen genauso wie mit den Juden!

Auch den Juden begegnete Roncalli nicht mit jener Überheblichkeit, die unter Christen gang und gäbe war. Als die Nazis begannen, massenhaft Juden zu ermorden, da haben viele lieber mit den Wölfen geheult, statt zu versuchen, „dem Rad in die Speichen zu fallen", wie es Dietrich Bonhoeffer nannte. Angelo Roncalli gehörte nicht zu ihnen. Er hat getan, was die

Stunde erforderte. Johannes XXIII. hat während des Zweiten Weltkriegs, als er auf dem Balkan als Kirchenmann in diplomatischen Diensten war, zahlreiche jüdische Kinder gerettet – ein Faktum, das im öffentlichen Bewusstsein viel zu wenig präsent ist. Seine eigenen Leistungen an die große Glocke zu hängen, das gehörte nun einmal nicht zu den Charaktereigenschaften dieses Mannes, dessen Motto es war: „Giovanni, nimm dich nicht so wichtig!"

Sicherlich, man wird sagen müssen: Nicht jeder, der in jener kritischen Zeit dazu bereit gewesen wäre, etwas zur Rettung von Juden zu tun, hatte auch die Gelegenheit dazu. Angelo Roncalli hatte sie, und er nutzte die Gelegenheit, um mit den Mitteln, die ihm zur Verfügung standen, etwas zu tun. Er tat es, indem er Blanko-Taufscheine ausstellte und damit jüdische Kinder in Bulgarien und Rumänien davor bewahrte, in die Maschinerie der Vernichtung zu geraten. Im Jahr 1960, als er bereits Papst war, kamen ein paar Hundert Juden von Amerika nach Rom zu einer Audienz. Es war ihnen – wie sie sagten – eine Ehre, dem prominenten Katholiken für seine Bemühungen zur Rettung von Juden zu danken.

## Brüderlichkeit zwischen Christen und Juden

Als Johannes XXIII. am Pfingstwochenende 1963 im Sterben lag, war unter denen, die auf dem Petersplatz öffentlich für ihn beteten, auch der Oberrabbiner von Rom mit einer Anzahl römischer Juden. Ein einmaliges Ereignis! So etwas hatte es in der Geschichte vorher noch nie gegeben.

Johannes XXIII. war es auch, der die unselige Fürbitte in der Karfreitagsliturgie änderte. Nicht erst beim Konzil hat er dies getan, sondern gleich nachdem er Papst wurde. Schon am nächsten Karfreitag beteten die Katholiken beim Gottesdienst zum Gedächtnis des Kreuzestodes Jesu auf seine Anordnung hin nicht mehr „pro perfidis judaeis" – „für die treulosen Juden". Auch eine andere antijüdische Passage, die noch Pius XI.

in das „Weihegebet des Menschengeschlechtes an das Herz Jesu“ eingefügt hatte, ließ Johannes XXIII. kurzerhand streichen. Diesem Papst ist es auch zu verdanken, dass die Erklärung über das Verhältnis der Kirche zum jüdischen Volk auf die Tagesordnung des Konzils kam.

Im Dokument „Nostra aetate“ hat die Kirche ihr Verhältnis zum Judentum neu definiert und früheren Positionen eine klare Absage erteilt. In dieser Erklärung wird betont, dass die Kirche bestrebt ist, zwischen Christen und Juden, die ein reiches gemeinsames Erbe haben, eine „gegenseitige Kenntnis und Achtung zu fördern“. Auf dem Hintergrund von Erfahrungen mit Judenfeindschaft innerhalb der christlichen Tradition und Ausbrüchen von antisemitisch motivierter Gewalt wird festgehalten, dass man „die Juden nicht als von Gott verworfen oder verflucht darstellen“ darf. Alle „Hassausbrüche, Verfolgungen und Manifestationen des Antisemitismus, die sich zu irgendeiner Zeit und von irgendjemandem gegen die Juden gerichtet haben“, werden ausdrücklich beklagt.

Nicht zu Unrecht gilt „Nostra aetate“ als ein Meilenstein auf dem Weg der Verständigung zwischen Christen und Juden. Die jahrzehntelange gedeihliche Zusammenarbeit zwischen christlichen und jüdischen Glaubensbrüdern wäre ohne diese Erklärung des Konzils nicht denkbar geworden. Niemand hätte für möglich gehalten, dass gerade diese verdienstvolle Errungenschaft eines Tages wieder in Frage gestellt werden könnte. Und doch war es so.

So wie in Richard Wagners „Walküre“ die Winterstürme dem Wonnemonat weichen, brachen in der katholischen Kirche die von Karl Rahner eindrucksvoll beklagten „winterlichen Zeiten“ an – und nach den „Wonnemonaten“ des Aggiornamento kam die Kälte der Restauration.

Hervorgerufen durch gewisse Aktivitäten von Papst Benedikt XVI. rund um die Wiederzulassung der Messe im Tridentinischen Ritus und der damit verbundenen Abänderung der Karfreitagsfürbitte gab es Irritationen, die geeignet waren, das Vertrauen auf eine unverbrüchliche Brüderlichkeit zwischen den Repräsentanten des alten und des neuen Gottesvolkes auf eine harte Probe zu stellen. Die Aufregung war groß, als Richard Williamson – einer von jenen ultrakonservativen Lefebvrianer-Bischöfen, die Papst Benedikt XVI. gerne wieder in der Gemeinschaft der römisch-katholischen Kirche begrüßen wollte, – öffentlich die Existenz von Gaskammern bestritt und die Anzahl der von Nazis ermordeten Juden in Frage stellte. Biblischem Sprachgebrauch folgend könnte man sagen: „Ganz Jerusalem erschrak", als Williamson vor laufender Kamera erklärte, Gaskammern könne es gar nicht gegeben haben, weil die genannten Giftgase viel zu gefährlich für die Betreiber der Konzentrationslager gewesen wären. Benedikt XVI. stand plötzlich im Verdacht, ein Papst zu sein, der anscheinend versucht hatte, einen Holocaust-Leugner salonfähig zu machen.

Nicht minder groß war die Aufregung, als es hieß, der Papst wolle in katholischen Kirchen am Karfreitag wieder im Geist der bereits von Johannes XXIII. abgeschafften judenfeindlichen Fürbitte um die Bekehrung der Juden beten lassen. Bereits vernarbte Wunden schienen wieder aufzureißen. Man fragte sich, wofür jahrzehntelanges ehrliches Bemühen gut gewesen sein mochte, wenn dies nun die Frucht war. Als besonders schmerzlich wurde empfunden, dass ausgerechnet ein Papst, der selber in Deutschland zur Zeit des Holocausts aufgewachsen war, sich in diesem Punkt als so wenig sensibel erwies.

Dialogfreudige Christen rauften sich verzweifelt die Haare und waren um Schadensbegrenzung bemüht. Bei der Eröffnung der „Woche der Brüderlichkeit 2009" stellte der Mainzer Kardinal Karl Lehmann mit Nachdruck fest, dass von einem Zurück im christlich-jüdischen Dialog keine Rede sein könne.

„Zu einem guten Miteinander von Christen und Juden gibt es keine Alternative", betonte der katholische Kirchenmann in seiner Laudatio auf den Münsteraner Professor Erich Zenger anlässlich der Verleihung der Buber-Rosenzweig-Medaille.

Zenger selber erklärte in seiner Dankesrede, ihn rege weit weniger diese unselige Affäre rund um den Holocaustleugner Williamson auf als vielmehr die vorangegangene Affäre um die Karfreitagsfürbitte. Dass Rom für den lateinischen „außerordentlichen Ritus" der Karfreitagsliturgie eine Fürbitte neu formuliert hat, in der es weiterhin heißt, Juden mögen Christus als Retter erkennen, bezeichnete der engagierte Bibelwissenschaftler als einen „ärgerlichen Rückschritt", der in der Absicht geschehen sei, den Traditionalisten entgegenzukommen. „Der Vorwurf des Christus-Mordes und die Idee der Juden-Missionierung – das muss zu Ende sein!", sagte der wegen seiner Verdienste um den christlich-jüdischen Dialog Geehrte und verwies auf die Klarstellungen, die der Apostel Paulus im Römerbrief getroffen hat: „Dort heißt es unmissverständlich: Trotz ihres Neins zu Jesus als Messias sind die Juden immer noch von Gott geliebt."

Den katholischen Partnern des christlich-jüdischen Dialogs gelang es, den jüdischen Freunden einsichtig zu machen, dass im gemeinsamen Miteinander zwischen ihnen ganz gewiss kein Einlegen eines Retourgangs zu befürchten sei. Es sei Benedikt XVI. keinesfalls um eine vorsätzliche Brüskierung des Judentums gegangen, meinten sie. Man könne allenfalls von einem unbeabsichtigten „Kollateralschaden" sprechen, der von einem anderen Manöver herrühre. Dort allerdings, bei diesem offensiven Bemühen des Papstes, die vor dem Zweiten Vatikanischen Konzil übliche Tridentinische Liturgie zu stärken und wieder intensiver zu pflegen, könne man tatsächlich das „Einlegen eines Retourgangs" verspüren.

## War das Konzil gut oder schlecht für die Kirche?

War das Zweite Vatikanische Konzil eines der erfreulichsten oder eines der schmerzlichsten Kapitel der jüngsten Kirchengeschichte? An der Frage, was dieses Konzil für die Kirche bedeutet, scheiden sich die Geister. Je nachdem, auf welcher Seite ein Katholik steht, wird er sich entweder über den Fortschritt freuen, den die Kirche mit dem Zweiten Vatikanischen Konzil gemacht hat, und den offenkundigen Rückschritt beklagen, der später erfolgt ist – oder genau umgekehrt. „Des einen Freud' ist des anderen Leid", sagt das Sprichwort. Doch das letzte Urteil über die Geschichte ist noch nicht gesprochen.

**Lernziel Zukunft**
Die Einheit hat schon begonnen. Aber die Vergangenheit ist noch nicht zu Ende.

So klar es für Johannes XXIII. war, dass die Kirche einen Fortschritt nötig hat und sogar einen „Sprung nach vorn" machen muss, umso deutlicher wird, dass es jenem deutschen Pontifex, der einst ein hoffnungsvoller Konzilstheologe war, nun in zunehmendem Maß um die Wiederherstellung eines Zustandes geht, wie er vor der Reform war, um ein Zurück hinter das Zweite Vatikanum. Da hilft alles beschönigende Reden nichts. Unter Benedikt XVI. sind wieder verstärkt die beharrenden Kräfte ans Ruder gekommen, denen daran gelegen ist, die Kirche zurückzurudern und von der Position abzubringen, die sie mit dem Zweiten Vatikanischen Konzil erreicht hat. Das herzhafte Bemühen, einen restaurativen Kurs durchzusetzen, hat der Kirche eine Zerreißprobe beschert, deren Ausgang noch offen ist. Erst die Kirchenhistoriker der Zukunft, denen der zeitliche Abstand größere Objektivität erlauben wird, werden beurteilen können, welcher Mann auf dem Stuhl Petri der Kirche eine größere Zerreißprobe zugemutet hat: Angelo Giuseppe Roncalli oder Joseph Alois Ratzinger.

## „Giovanni, nimm dich nicht so wichtig ..."

Zur Zeit von Johannes XXIII. war klar, dass das Gebet um Einheit nur den einen Sinn hatte: im Geist des Ökumenismus darum zu beten, dass die Katholiken und die „getrennten Brüder" anderer Konfessionen und abgespaltener Kirchengemeinschaften wieder zusammenfinden. Ein halbes Jahrhundert später erscheint es als ein viel vordringlicheres Anliegen, darum zu beten, dass dieses wünschenswerte „Ut omnes unum sint" (dass alle eins seien) wenigstens unter den Gläubigen innerhalb der katholischen Kirche Wirklichkeit werden möge.

Die Gläubigen, die das Konzil noch erlebt haben und von seinem Geist inspiriert sind, werden den Ausgang des „Ruderkampfes" zwischen beharrenden und fortschrittlichen Kräften vermutlich nicht mehr erleben. Oder, wer weiß: Vielleicht wird sich schneller als man denkt eine überraschende Wende abzeichnen. Eines ist jedenfalls sicher: Die Kirche wird die Auseinandersetzungen, die es gibt, und die, die noch kommen werden, genauso überstehen, wie all jene, die es schon gegeben hat.

Ein Blick in die Kirchengeschichte kann verzagten Herzen in jedem Fall Trost spenden: So schlimm, wie es da manchmal zugegangen ist, kann es gar nicht mehr werden. Das Schifflein Petri wurde schon von so manchen zweifelhaften Kapitänen navigiert. Wenn es nur auf die Kunst der Führungskräfte angekommen wäre, dann wäre die Kirche schon längst untergegangen – vielleicht bereits unter dem ersten Papst, der, als es brenzlig wurde, feige davonlief. Die Rede ist von Petrus, der seinen Herrn verraten hat und trotzdem von ihm ausersehen war, seine Herde zu weiden.

„Giovanni, nimm dich nicht so wichtig!“, pflegte Johannes XXIII. zu sagen. Das ist ein weises und beherzigenswertes Wort. Es gilt nicht nur für einen bestimmten Amtsträger, sondern für die gläubige Gemeinschaft als ganze. Tatsache ist: Die Kirche braucht einen Papst. Aber sie braucht den Papst nicht so wichtig zu nehmen. Nicht der Papst und die Bischöfe sind die Kirche, sagt das Konzil, sondern das Volk Gottes. Wir sind die Kirche.

Päpste kommen und gehen, aber das Gottesvolk geht unbeirrt weiter. Es pilgert durch die Geschichte – so wie das Gottesvolk des Ersten Bundes ein Menschenalter lang durch die Wüste wanderte, ehe es das Land erreichen durfte, das von Milch und Honig floß. Das pilgernde Gottesvolk kennt dürre und üppige Phasen, fette und magere Jahre. Wichtig ist, dass Gott mit seinem Volk ist. Die „Giovannis“, von denen das Gottesvolk Etappe um Etappe durch die Geschichte geführt wird, sind nicht so wichtig.

Es hat glanzvolle und klägliche Gestalten an der Spitze der Kirche gegeben, und es wird sicherlich auch in Zukunft glanzvolle und klägliche Päpste geben. Das ist das menschliche Element an der Kirche. Vielleicht wird es wieder einmal einen Papst vom Schlag eines Johannes XXIII. geben, vielleicht auch nicht. Wir wissen es nicht. Wir dürfen jedoch gewiss sein: Wenn es an der Zeit ist, dass wieder ein solcher Mann Papst wird, dann wird der Heilige Geist dafür sorgen.

Schon so mancher hat sich angesichts finsterer Zeiten der Kirchengeschichte gesagt: „Für mich ist dies ein Beweis, dass Gott mit der Kirche sein muss. Denn wäre die Kirche wirklich nur dieser korrupte und intrigante Verein, als den sie ihre Gegner gern sehen, dann wäre sie längst in sich zusammengestürzt!" Das ist richtig. Aber warum so weit in die Vergangenheit schweifen, wo uns das Gute doch immer noch nahe genug ist? Die Tatsache, dass die Kirche schlimme Phasen ihrer Geschichte erlebt hat und nicht daran zugrunde ging, ist gewiss ein eindrucksvoller Beweis dafür, dass Gott mit der Kirche ist. Das Jahrhundertereignis Zweites Vatikanisches Konzil ist vielleicht ein noch massiverer Beweis. Die Tatsache, dass dieses Konzil stattgefunden hat, ist ein schönes Zeugnis für Gottes Liebe zu seinem Volk – für jene uralte Erfahrung, die auch unsere Väter und Mütter im Glauben gemacht haben und die im Buch der Bücher mit den begeisterten Worten besungen wird: „Denn der Herr ist gütig. Ewig währt seine Huld. Von Geschlecht zu Geschlecht seine Treue." (Psalm 100,5)

# Literaturverzeichnis


ALLEGRI, RENZO: Johannes XXIII. Ein Lebensbild. Verlag Neue Stadt, München 2000.

ANDRESEN, CARL / DENZLER, GEORG: Wörterbuch der Kirchengeschichte. Deutscher Taschenbuch-Verlag, München 1984.

BAUER, JOHANNES B. (Hg.): Die heißen Eisen in der Kirche. Von Aggiornamento bis Zölibat. Styria-Verlag, Graz 1997.

BÜHLMANN, WALBERT: Johannes XXIII. Der schmerzliche Weg eines Papstes. Mit dem authentischen Text der Konzilseröffnungsrede. Topos-Taschenbuch Nr. 259. Matthias-Grünewald-Verlag, Mainz 1996.

BÜHLMANN, WALBERT: Weltkirche – neue Dimensionen. Modell für das Jahr 2001. Mit einem Nachwort von Karl Rahner. Styria-Verlag, Graz 1984.

DELP, ALFRED: Im Angesicht des Todes. Geschrieben zwischen Verhaftung und Hinrichtung. Verlag Josef Knecht, Frankfurt am Main 1961.

DIRNBECK, JOSEF: Reibebaum Krenn. Vom Papstfrühstück zu den „Bubendummheiten". Edition Va bene, Wien-Klosterneuburg 2004.

FRINGS, JOSEF: Für die Menschen bestellt. Erinnerungen des Alterzbischofs von Köln. J. P. Bachem Verlag, Köln 1973.

HEIM, BRUNO: Die Schuld des Papstes am Konzil. Der Sekretär Roncallis über Johannes XXIII. Kirche Intern 10/1992.

JEDIN, HUBERT: Kleine Konziliengeschichte. Die zwanzig Ökumenischen Konzilien im Rahmen der Kirchengeschichte. Herder-Bücherei Nr. 51. Herder-Verlag, Freiburg im Breisgau 1959.

JOHANNES XXIII.: Ansprache zur Eröffnung des Zweiten Vatikanischen Konzils. Rom, 11. Oktober 1962. Übersetzt von Nikolaus Klein. In: Bühlmann, Walbert: Johannes XXIII. Topos-Taschenbuch Nr. 259. Matthias-Grünewald-Verlag, Mainz 1996.

Jone, Heribert: Katholische Moraltheologie. Unter besonderer Berücksichtigung des Codex Iuris Canonici sowie des deutschen, österreichischen und schweizerischen Rechts. Fünfzehnte vermehrte und verbesserte Auflage. Verlag Ferdinand Schöningh, Paderborn 1953.

König, Franz: Am Vorabend des Konzils. Rundfunk- und Fernsehansprache am Vorabend der Eröffnung des Zweiten Vatikanischen Konzils. Kathpress Nr. 325, 10. Oktober 1962. In: Kunz, Johannes (Hg.): Kardinal Franz König. Ansichten eines engagierten Kirchenmannes. Verlag der Österreichischen Staatsdruckerei, Wien 1991.

König, Franz: Das Zweite Vatikanische Konzil und der Weg der Kirche ins dritte Millenium. Vortrag in Prag, 12. Dezember 1995. In: Fenzl, Annemarie / Földy, Reginald (Hg.): Franz Kardinal König – Unterwegs mit den Menschen. Vom Wissen zum Glauben. Dom Verlag, Wien 2001.

Küng, Hans: Konzil und Wiedervereinigung. Erneuerung als Ruf in die Einheit. Mit einem Geleitwort von Kardinal Franz König. Herder-Verlag, Freiburg im Breisgau 1960.

Lehmann, Karl: Laudatio auf Professor Erich Zenger anlässlich der Verleihung der Buber-Rosenzweig-Medaille. In: So viel Aufbruch war nie – Eröffnungsfeier der „Woche der Brüderlichkeit“. ARD 1. März 2009.

Lexikon für Theologie und Kirche. Zweite, völlig neu bearbeitete Auflage. Bd. 13: Supplementband [Ökumenismus, Bischöfe, Ordensleben, Priesterausbildung, Erziehung, nichtchristliche Religionen, Offenbarung, Laienapostolat, Religionsfreiheit]. Herder-Verlag, Freiburg im Breisgau 1967.

Priestley, John B.: Brief an einen heimkehrenden Soldaten („Letter to a Returning Serviceman“). Übersetzt von Walter Hacker. Sozialistischer Verlag, Wien 1946.

Rahner, Karl / Vorgrimler, Herbert: Kleines Konzilskompendium. Alle Konstitutionen, Dekrete und Erklärungen des Zweiten Vatikanischen Konzils in der bischöflich beauftragten Übersetzung. Herder-Bücherei Nr. 270–273. Herder-Verlag, Freiburg im Breisgau 1966.

Zenger, Erich: Dankesrede anlässlich der Verleihung der Buber-Rosenzweig-Medaille. In: So viel Aufbruch war nie – Eröffnungsfeier der „Woche der Brüderlichkeit“. ARD, 1. März 2009.